세미오시스 교양총서 02

곁에 있는

스물여덟 언어의 사랑시

세미오시스 교양총서 02

곁에 있는

스물여덟 언어의 사랑시

한국외대지식출판원 편집부

HUEBOOKs

이 저서는 2010년도 대한민국 교육부와 한국연구재단의
인문한국(HK)지원사업의 지원을 받아 수행된 연구임(NRF-2010-361-A00013).

서문

한국외국어대학교에서 시집 『곁에 있는』이 출판된 것을 진심으로 축하한다. 이 시집의 부제인 '스물여덟 언어의 사랑시'가 잘 나타내주고 있듯이, 이 시집은 한국외국어대학교 28개 언어학과의 문학 전공 교수 30인이 스물여덟 언어로 각각 쓰여 진 사랑에 관한 시들을 번역한 것을 담고 있다. 이러한 다국어 시집의 발간은 한국에서 그 전례를 찾아보기 힘들 정도로, 참신하고 획기적인 시도라고 할 수 있는데, 이것이 가능한 이유는 한국외국어대학교가 외국어 교육의 메카로서 타의 추종을 불허하는 역량과 전통을 축적해왔기 때문이다. 사랑을 주제로 하고 있는 『곁에 있는』을 필두로 해서 앞으로 다양한 주제에 관한 다국어 시집이 기획 시리즈로서 한국외국어대학교에서 계속 출판되기를 기대해 본다.

『곁에 있는』의 출판을 위해서 지난 여름에 기획위원회가 구성되었다. 위원회는 4명으로 구성되었는데, 필자(정치외교학과)를 포함해서 가정준 교수(법학전문대학원), 정은귀 교수(영미문학·문화학과), 최성은 교수(폴란드어과)가 참여했다. 정치사상을 전공으로 하고 있는 비문학도인 필자가 위원장 역할을 맡았는데, 이것은 본인이 연장자이기도 했지만, 비문학 전공자로 하여금 문학을 보완하려는, 시집 기획자이자 지식출판원 원장인 가정준 교수의 혜안(?)이 아니었나 싶다. 기획

위원회의 주된 역할은 30인의 교수 각자가 선정하여 번역한 5편 내외의 시를 기획 취지에 맞춰서 선별하는 것과 어색한 번역 용어나 번역 문장을 번역자에게 조심스럽게 다시 살펴보아 달라고 부탁하는 것이었다. 각 언어마다 특색이 있을 터이고 번역자의 시에 대한 주관적인 해석이 있을 터이니, 해당 언어를 전공으로 하지 않는 위원들이 강하게 수정을 요구하는 것은 어려운 일이었다. 기획 취지와 아울러 지면상의 제한 때문에 각 교수님들이 심혈을 기울여 번역한 소중한 작품들을 모두 이 시집에 다 담지 못했다는 점을 이 자리를 빌려 사과드린다.

『곁에 있는』은 다국어 시집이니 만큼, 일반 독자가 잘 알지 못하고 접근하기조차 힘든, 고대에서 현대에 이르기까지 다양한 국적을 지닌 동·서양 시인들의 작품을 담고 있다. 물론 필자가 문외한이어서 그렇겠지만, 필자가 익히 아는 시나 이름을 들어본 시인은 주로 한국어권, 영어권, 독일어권, 프랑스어권, 이탈리아어권에 한정되어 있다. 위 언어권에 포함된 시들도 제대로 알지 못하니, 이 시집에 수록된 시 전체 중에서 필자가 조금이나마 알은체를 할 수 있는 시는 기껏해야 15퍼센트에도 못 미친다고 할 수 있다. 일반적인 기준에서 볼 때 필자의 사정이 특별하다거나 평균 이하라고 할 수는 없을 것이다. 처음으로 접하게 되는 85퍼센트 이상의 시들에 대한 독자의 이해를 돕기 위해서, 이 시집은 말미에 '시평' 섹션을 따로 두고 있는데, 번역자들은 여기에서 원작자에 대한 소개 및 시를 감상하는 포인트를 간결하게 제시하고 있다. 이 시평이 특별히 뒤에 있는 이유는 독자들이 시에 몰입하는 것을 방해하지 않고 시를 즐길 수 있는 여유를 주기 위한 것이다. 『곁에 있는』이 다국어 시집의 면모를 갖추긴 했지만, 한 가지 아쉬운 점은 지면상의 제한으로 인하여 스물여덟 언어로 된 원시를 수록할 수 없었다는 것이다. 원시에 관심이 있는 독자들은 한국외대 지식출판원 홈페이지(press.hufs.ac.kr)에서 원시를 찾아볼 수 있다.

기획위원회에서 시들을 어떻게 배열할 것인가에 관해 많은 논란이 있었지만, 상식적으로 해결하자는 데 뜻이 모아졌다. 시들이 포함된 언어권을 일단 동양어권와 서양어권으로 나누고, 두 언어권을 각각 주(major) 언어권과 부(minor) 언어권으로 다시 나눈 후, 한국외국어대학교에서 해당언어학과가 창립된 순서에 따라 시를 배열하기도 하였다. 우리가 익숙한 '사랑시'가 서양어권에 많이 있기 때문에 서양어권 시를 동양어권 시의 앞에 배치하였다. 그래서 시집의 목차는 서양어권1 – 서양어권2 – 동양어권1 – 동양어권2의 순서를 따르게 되었다. 시들의 배열이 어떤 논리적인 규칙을 따르지 않고 있기 때문에 독자들은 목차 순서에 상관없이 자기들이 관심을 갖고 있는 시부터 읽어나가기 시작하면 된다. 서로 다른 언어권에서 사랑이 어떻게 노래되고 있는지 알고 싶은 독자는, 예를 들어 태국어 시와 그리스어 시를 비교해가면서 읽으면, 새로운 감동을 맛볼 수 있을 것이다.

『곁에 있는』은 외국 문학, 특히 다국어 시에 관심이 많은 독자를 주요 대상으로 삼고 있다. 그동안 우리는 주요 서양어권의 시에 익숙해져서 그 시만을 무의식적으로 편식해왔다. 다양성의 시대인 지구촌 시대를 맞이하여 한국에서 다국어 시에 대한 갈망은 점차 커지고 있는데, 이는 아주 바람직한 문화 현상이라고 할 수 있다. 우리의 곁에 있는 『곁에 있는』은 다국어 시에 대한 갈증을 완화시키는데 기여할 뿐만 아니라, 보다 다양한 주제에 관한 더 많은 다국어 시의 출현에 대한 희망을 갖게 할 것으로 기대된다. 『곁에 있는』의 출판을 계기로 하여, 한국에서 더 많은 다국어 시의 출판이 이루어지길 기대한다.

『곁에 있는』의 탄생은 한국외대 구성원의 공동작업의 결과이다. 이 시집의 아이디어를 낸 가정준 교수님과 아이디어를 체계적으로 구체화시킨 기획위원회 교수님, 시집의 취지에 호응하여 흔쾌히 번역을 말아 주신 30인의 교수님, 그리고 좋은 시집의 모습을 갖추도록 편집, 교열, 디자인에 힘써 주신 지식출판원 직원들 모두에게 다시 한 번 심심한 감사의 말씀을 전한다. 앞으로 남은 과제는 『곁에 있는』을 많은 독자들 곁에 자리 잡게 해서, 다국어 시에 대한 색다른 감상을 경험하도록 만드는 일일 것이다. 다시 한 번 『곁에 있는』의 탄생을 축하한다.

2017년 12월 12일
기획위원회를 대표해서
김용민이 쓰다.

곁에 있는

스물여덟 언어의 사랑시

목차

프랑스어

러시아어

II. 서양어권 2 _ 55

스페인어

이탈리아어

체코 슬로바키아어

헝가리어

세르비아 크로아티아어

우크라이나어

그리스어

불가리아어

아프리카어

III. 동양어권 1 _ 147

한국어

중국어

일본어

IV. 동양어권 2 _ 173

말레이 인도네시아어

아랍어

태국어

베트남어

인도어

터키 아제르바이잔어

이란어

I

서양어권 1

곁에 있는

스물여덟 언어의 사랑시

소네트 116번 (1609년)

윌리엄 셰익스피어

진실된 마음의 결합에 어떤 방해도
없게 하소서. 변할 일이 있다 해서
변한다거나 옮겨갈 곳 있다 해서
구부러지는 사랑은 사랑이 아니에요.
아, 그런 걸요. 사랑은 고정된 지표여서
폭풍을 보고도 흔들리는 법이 없어요.
사랑은 방황하는 돛단배에겐 별이라서
그 높이는 알아도 그 가치는 다 알지 못하죠.
사랑은 시간의 어릿광대가 아니랍니다.
장밋빛 입술과 뺨이 시간의 구부러진 낫에 걸릴지라도.
사랑은 짧은 시간에 달라지지 않는 것,
운명의 끄트머리에서도 변함없이 쭉 가는 것.
만일 이게 틀린 것이고 그렇게 입증된다면
나는 시를 쓰지도, 누구를 사랑하지도 않은 거지요.

<휘파람 불면 내가 갈게예> 중에서 (1793년)

로버트 번스

교회서나 시장에서 나 만나면
아무 관심 없는 척 그냥 지나가세예,
그래도 당신 까만 멋진 눈 깜박여주세예.
그렇게 날 안 보는 척 봐주세예,
그렇게 봐주세예.
오, 휘파람 불면 갈게예.

나한테 관심 없다고 맹세해도 괜찮아예,
가끔은 내 미모를 좀 깎아내려도 좋아예.
그치만 장난으로도 딴 여잔 만나지 마세예,
내게서 당신 사랑 빼앗아갈까 겁나예
그럴까 겁나예.
오, 휘파람 불면 내가 갈게예.

인적 드문 곳에 그녀는 살았지 (1799년)

윌리엄 워즈워스

인적 드문 곳에 그녀는 살았지
도브 강이 시작되는 곳에.
찬미할 사람 하나 없고
사랑해 줄 사람 이 거의 없는 한 소녀.

사람들 눈에서 반쯤 가리워진
이끼 낀 바위가 한 송이 제비꽃!
하늘에 홀로 빛나는
별처럼 아름다웠다네.

루시는 아는 이 없이 살아
언제 죽었는지 아는 사람도 거의 없다네.
하지만 그녀가 묻히자, 아,
온 세상이 얼마나 달라졌는지!

천상의 융단을 소망하지요 (1899년)

W. B. 예이츠

내게 금빛과 은빛으로
수를 놓은 천상의 옷감이 있다면
어둠과 빛과 어스름으로 수놓은
파랗고 희뿌옇고 검은 옷감이 있다면,
그 옷감을 그대 발밑에 깔아드리련만,
나 가난해 가진 것은 꿈뿐이라,
내 꿈을 그대 발밑에 깔았습니다.
사뿐히 밟으소서, 그대 밟는 것 내 꿈이오니.

내가 만약 (1864년)

에밀리 디킨슨

내가 만약 한 가슴 깨지는 걸 막을 수 있다면,
나 헛되이 사는 것은 아니리.
내가 만약 한 생명의 아픔을 덜어주거나
한 고통을 가라앉힐 수 있다면
혹은 지친 울새 한 마리를 도와
둥지로 다시 깃들게 할 수 있다면
나 헛되이 사는 것은 아니리.

때로 내가 사랑하는 이와 (1891년)

월트 휘트먼

때로 내가 사랑하는 이와 함께 있을 때 보답 없는 사랑에 몰두하는 건 아닌지 화가 나곤 해.
하지만 지금 와 생각해 보면 보답 없는 사랑은 없는 법, 이렇게 저렇게 보답은 분명히 있어
(나 일찍이 한 사람을 열렬히 사랑했고 그 사랑은 짝사랑으로 끝났지만
그로 인해 나는 이 노래들을 쓰게 되었다네)

내 곁에 있는 당신 (1796년)

요한 볼프강 폰 괴테

당신을 생각합니다
바다의 태양이 희미하게 비칠 때면
당신을 생각합니다
은은한 달빛이 샘물에 그려질 때면.

당신의 모습을 봅니다
멀리 길 위에 먼지가 일 때면
한밤중, 좁은 오솔길에
나그네의 모습이 어른거릴 때면.

당신의 음성을 듣습니다
거친 소리를 내며 파도가 몰아칠 때면.
고요한 숲속을 귀 기울이며 거닙니다
모든 것이 침묵할 때면.

당신이 아주 멀리 있어도 나는 당신 곁에 있고
당신은 내 곁에 있습니다!
해가 지니 곧 별이 나를 비출 텐데.
아, 당신이 여기에 있다면 얼마나 좋을까요!

아, 내가 발 받침대라면 (1827년)

하인리히 하이네

(머리가 말한다)
아, 내가 발 받침대라면
그녀의 발이 내 위에서 쉴 텐데!
그녀가 나를 아무리 밟아대어도
나는 절대 불평하지 않을 텐데.

(심장이 말한다)
아, 내가 바늘꽂이라면
그녀는 내게 바늘을 꽂아댈텐데!
아무리 그녀가 찔러대어도
난 그저 좋기만 할 텐데.

(노래가 말한다)
아, 내가 한 장의 종이라면
그녀가 헤어롤로 사용할 텐데!
그러면 난 몰래 그녀의 귀에다 대고 속삭일 텐데
내 안에서 살아 숨 쉬고 있는 것이 무엇인지를

거울로 보듯 (1844년)

프리드리히 뤼케르트

거울로 보듯
연인의 눈 속에서 나를 보네
본연의 나를 숨겨둔
모든 봉인이 내 앞에서 풀어지네.

당신의 눈빛을 통해
내 마음속을 환히 들여다보았네
세상의 무엇이 실제이고 무엇이 공허한지
내 앞에서 영원히 밝히 드러났네.

여기 당신의 고요한 심장 박동이
내 가슴을 뚫고 지나가듯
나는 느끼네, 창조의 첫날부터 최후의 날까지
무엇이 우주만물을 회전시키고 있는지.

세계는 모두 사랑을 축으로 돈다네
사랑 때문에 살고, 사랑 때문에 죽네

내 안에는 사랑의 즐거움과 사랑의 고난으로
분망한 세상사가 몰아치고 있다네.

우주만물의 영혼은 영원한 평화
우주만물의 활기는 끊임없는 전쟁
그러나 나의 운명은 평화라네
죽음과 삶을 이긴 승리, 승리라네.

꽃이 햇살에게 말하듯
나는 고요히 마음속으로 사랑에게 말하네
사랑아, 즐거움을 다오, 사랑아, 괴로움을 다오.
너 때문에 내가 살고 너 때문에 나는 죽는다.

내 눈을 못 보게 하여도 (1901년)

라이너 마리아 릴케

내 눈을 못 보게 하여도 나는 당신을 볼 수 있어요
내 귀를 막아도 당신의 음성을 들을 수 있어요
발이 없어도 당신에게 갈 수 있어요
입이 없어도 당신을 부를 수 있어요.
팔을 부러뜨려도 당신을 붙잡을 것이니
마치 손으로 하듯 심장으로 할 거예요
심장을 멈추게 하면 뇌가 고동칠 것이고
당신이 나의 뇌에 불을 놓으면
당신을 내 피에 담아 흐르게 할 거에요.

사랑 (1905년)

엘제 라스커-쉴러

우리의 잠을 뚫고 불어오네
하늘하늘한 바람, 실크처럼
두근거리며 피어나듯
우리 두 사람 위로.

나는 당신의 숨결에 실려
마법으로 가득 찬 동화를 지나
파묻힌 전설을 지나
집으로 가리라.

가시 돋친 나의 미소는
깊고 깊은 그대의 모습과 노니네
그러면 대지는
우리에게 안기게 되리.

우리의 잠을 뚫고 불어오네
하늘하늘한 바람, 실크처럼 -
태곳적 꿈이
우리 두 사람을 축복하네.

미라보 다리 (1912년)

기욤 아폴리네르

미라보 다리 아래 센 강이 흐르네
그리고 우리의 사랑도
기억해야만 하는가
기쁨은 언제나 고통 뒤에 왔음을

밤이여 오라 종이여 울려라
세월은 가고 나는 머무네

얼굴과 얼굴을 마주하고
손과 손을 마주 잡자
마주잡은 우리 두 팔의 다리 아래로
영원한 눈길의 나른한 물결이 흐를 때

밤이여 오라 종이여 울려라
세월은 가고 나는 머무네

이 흐르는 물처럼 사랑도 가네
사랑도

삶은 얼마나 느리고
희망은 또 얼마나 격렬한가

밤이여 오라 종이여 울려라
세월은 가고 나는 머무네

하루가 가고 일주일이 가네
지나간 시간도 사랑도
돌아오지 않고
미라보 다리 아래 센 강이 흐르네

밤이여 오라 종이여 울려라
세월은 가고 나는 머무네

집은 장미로 가득하리라… (1894년)

프랑시스 잠

집은 장미와 꿀벌로 가득하리라.
오후에는 만도(晩禱)의 종소리가 울리리라.
그리고 투명한 보석처럼 영롱한 포도송이가
고즈넉한 그늘 아래 햇빛을 받으며 잠들어 있으리라.
아, 거기서 나는 그대를 사랑하리라! 나는 그대에게 바치리라,
스물네 살의 순수한 내 마음을, 조소하기 좋아하는 내 정신을,
내 자부심을, 백장미 같은 내 시를.
하지만 나는 아직 그대를 모른다, 그대는 존재하지 않는다.
다만 내가 아는 것은 그대가 이 세상 어딘가에 있다면,
그대가 나처럼 깊은 초원 속에 산다면,
언젠가 우리는 황금빛 꿀벌이 윙윙거리는 맑은 시냇가에서,
푸르디푸른 녹음 속에서 웃으며 입 맞추리라
그때 우리에게는 오직 태양의 열기만이 느껴지리라.
그리고 그대의 귓가에는 개암나무 그늘이 지리라,
뒤이어 말로 표현할 수 없는 사랑을 말하기 위해
우리는 웃음을 멈추고 다시 입 맞추리라,
그리고 나는 그대 입술의 연지에서 느끼리라,
황금빛 포도와 붉은 장미와 벌꿀의 맛을.

그대에게 꽃다발을 보내오니... (1555년)

피에르 드 롱사르

활짝 핀 꽃을 제 두 손으로 따서 엮은
꽃다발을 그대에게 보냅니다.
오늘 저녁에 따지 않으면
내일 금세 땅에 떨어질 활짝 핀 이 꽃을.

이 꽃이 확실한 본보기가 되겠지요.
지금 그대의 아름다움이 눈부시게 피었을지라도
머잖아 꿈인 듯 시들어
한 송이 낙화처럼 홀연히 사라지겠지요.

님이여, 시간은 가고 또 갑니다.
아! 시간! 아니, 어쩌면 시간이 아니라 우리가 가고,
이내 우리가 묘비 아래 묻히겠지요.

그리고 우리가 속삭이는 사랑도
우리가 죽으면 다시 싹틀 수 없겠지요.
그러니 나를 사랑해주오, 그대 눈부시게 아름다운 동안.

나는 외롭지 않아 (1901년)

폴 엘뤼아르

입술에 향긋한 과일을 머금은
그녀
온갖 다채로운 꽃으로 치장한
그녀
태양의 품에서 찬란하게 빛나는
그녀
낯익은 새를 보며 기뻐하는
그녀
빗방울을 맞으며 행복해하는
그녀
아침하늘보다 더 아름다운
그녀
정숙한 그녀

나는 정원에 대해 말하고 있어
나는 꿈을 꾸고 있어

어쩌면 나는 사랑에 빠졌는지도 몰라

낙엽 (1892년)

레미 드 구르몽

시몬, 숲으로 가자, 나뭇잎이 져버린 숲으로.
낙엽은 이끼와 돌과 오솔길을 덮고 있다.

시몬, 너는 좋으냐 낙엽 밟는 소리가?

낙엽은 몹시 부드러운 색깔, 몹시 애잔한 음조를 띠고,
낙엽은 몹시 연약한 표류물처럼 대지 위를 떠돈다!

시몬, 너는 좋으냐 낙엽 밟는 소리가?

황혼이 질 때, 낙엽은 몹시 구슬픈 표정을 짓고
바람이 불 때, 낙엽은 몹시 정답게 외친다!

시몬, 너는 좋으냐 낙엽 밟는 소리가?

발이 밟을 때, 낙엽은 마치 영혼처럼 울고,
날갯짓 소리 혹은 여인의 옷자락 소리를 낸다.

시몬, 너는 좋으냐 낙엽 밟는 소리가?

오라, 우리도 언젠가 가여운 낙엽이 되리라.
오라, 벌써 어둠이 내리고 바람이 우리를 휩쓴다.

시몬, 너는 좋으냐 낙엽 밟는 소리가?

빌로드 천의 애무를 받으며 (1914년)

마리나 이바노브나 츠베타예바

빌로드 천의 애무를 받으며
어제의 꿈을 불러낸다.
그 꿈은 과연 무엇이었을까? 누가 이기고,
누가 진 걸까?

그 모든 것을 다시 생각하면
그 모든 것이 다시 괴롭다.
표현할 말이 없는 그것이
과연 사랑이었을까?

사냥꾼은 누구였고, 사냥감은 누구였을까?
모든 것이 어지럽게 뒤엉켜 있다.
무엇하러 저 시베리아 고양이는
한참을 가르랑거리는 걸까?

두 의지가 맞불은 그 결투에서
누가 손이었고 누가 그 손에 잡힌 공이었을까?
누구의 심장이 내달리는 말처럼 두근거렸을까?

당신의 것인가, 내 것인가?

아무튼, 그 꿈은 과연 무엇이었을까?
어째서 그 꿈이 그토록 그립고 안타까운 걸까?
아직도 나는 알 수 없다. 내가 이겼는지
졌는지를.

릴리치카에게_편지 대신 쓴 시 (1916년)

블라지미르 블라지미로비치 마야코프스키

담배연기가 공기를 삼켜버렸소.
방안은 그야말로 크루초니흐의 시에 나오는
지옥의 한 장면 같소.
기억하겠소?
저 창문 너머에서
흥분하여 떨며
처음으로 그대의 손을 쓰다듬었던 그 날을.
그대는 오늘 이렇게 앉아있구려
마음을 무쇠로 감싼 듯 차가운 표정으로.
하루가 또 지나면
그대는 나를 쫓아낼 거요
필시 심하게 꾸짖고 나서.
어두운 현관에서 크게 떨리는 나의 손은
한동안 소매 안으로 들어가지 못할 거요.
나는 뛰쳐나가
온 몸을 거리에 던질 거요.
절망에 몸이 끊겨
이성을 잃고

야만인으로 변할 거요.
하지만 그럴 필요 있겠소?
착한 당신,
사랑하는 그대여,
이제 그만 헤어집시다.

어쨌든
나의 사랑은
당신이 어디로 달아나든
무거운 쇳덩이처럼
당신을 짓누를 테니.
상처받은 분노의 쓰라린 비애를
마지막으로 외치도록 허락해주시오.
황소를 혹사시키면
녀석은 주인 곁을 떠나
시원한 물가로 달아날 거요.
그대의 사랑이 없다면,
나에게는
바다조차 없을 거요.
그러나 눈물을 흘리며 당신을 사랑해도
나는 쉴 수가 없소.
지친 코끼리가 한줌의 평안을 바란다면,
달궈진 모래 위라도 황제처럼 드러누울 거요.
그대의 사랑이 없다면,

나에게는
태양조차 없을 거요.
그런데 나는 그대가 어디에서, 누구와 같이 있는지도
알지 못하오.
만약 그대가 그토록 시인을 괴롭힌다면,
그는 돈, 명예와 사랑을 맞바꿀 거요.
나에게는
그 어떤 종소리도 즐겁지 않소,
사랑스런 그대 이름의 울림 밖에는.
나는 계단 아래로 몸을 던지지 않겠소.
독약을 마시지도 않겠소.
관자놀이에 방아쇠를 당기지도 않겠소.
그대의 시선 말고는
어떤 칼날도
나를 다스리지 못하오.
내일이면 당신은 잊을 거요,
내가 당신에게 왕관을 씌워주었음을,
개화하는 영혼을 사랑으로 불태웠음을.
뒤엎어진 사육제의 덧없는 나날들이
내 시집의 지면을 갈가리 찢어놓을 것이오.
내 언어의 마른 종잇장들이
탐욕스럽게 헐떡거리면서
당신의 걸음을 멈추게 할까?

부디
떠나가는 그대의 발길 아래로
내 마지막 애정의 꽃잎을 뿌리게 허락해주오.

낯선 여인 (1906년)

알렉산드르 알렉산드로비치 블로크

저녁마다 레스토랑 위로 맴돈다
거칠고 답답한 뜨거운 공기가.
술꾼들의 고함소리를 억누른다
썩어가는 봄날의 냄새가.

저 멀리 골목길의 먼지 위로
교외 별장의 권태로움 위로
빵집 간판이 희미하게 빛나고
아이들의 울음소리가 들려온다.

저녁마다, 철길 건널목 너머로
중절모를 비스듬히 눌러쓴 언변가들이
숙녀들을 옆에 끼고
운하 한복판을 거닌다.

호수 위로 울리는 삐걱거리는 노 젓는 소리,
어느 여인의 찢어지는 비명소리.
하늘 위 구름 사이에서 모든 것에 익숙해진

보름달이 무덤덤하게 일그러져간다.

저녁마다, 내 유일한 친구는
내 술잔 속에 어린다.
신비로운 시큼한 와인에 취해 그도
나처럼 귀먹었고 기운이 없다.

옆 테이블에서 잠이 덜 깬
하인들이 얼굴을 내밀고,
빨간 토끼 눈의 술꾼들이
고함을 지른다. "술 안에 진리가 있다!"

저녁마다, 그 시간이 되면
(혹은 나의 꿈일 뿐인가?)
착 붙은 실크 드레스를 입은 여인이
안개 낀 유리창 위로 비친다.

언제나, 동행인 없이 홀로
천천히 술꾼들 사이를 지나
안개와 같은 향수를 뿌리며
창가에 앉는다.

그녀의 매끄러운 실크 드레스에
고대의 전설이 묻어나온다.

깃털 달린 장례 모자와
가냘픈 손에 끼워진 반지.

기이한 친근함에 도취되어
검은 베일 안을 들여다본다.
그 속에서 매혹의 해안과
매혹의 피안을 바라본다.

아득한 비밀이 내게 맡겨졌고
누군가의 태양이 내 손에 쥐어졌다.
내 영혼의 모든 굽이굽이가
시큼한 와인으로 물들어 있다.

기울어진 타조 깃털이
내 머릿속에서 미친 듯이 퍼득거린다.
아득한 어떤 이의 푸른 눈동자가
먼 해안에서 피어난다.

내 영혼 속의 보물!
그 열쇠는 나에게만 주어졌다!
이보게, 술 취한 괴물들이여, 그대들이 옳다!
나는 깨닫는다, "술 안에 진리가 있다!"는 걸.

사랑은 여름에 시작하여 (1908년)

니콜라이 알렉세예비치 클루예프

사랑은 여름에 시작하여
9월의 가을에 끝났다.
그대는 수수한 처녀의 옷을 입고
인사를 건네며 내게로 다가왔다.

그대는 피와 사랑의 상징인
붉은 계란을 건네며 내게 말했다.
"작은 새여, 서둘러 북쪽으로 떠나지 말아요.
남쪽 마을에서 봄을 기다려요!"

어린나무숲이 경계하고 침묵하며
희부연 파란 색으로 변해간다.
커튼의 작은 무늬 너머로
녹아가는 겨울은 보이지 않는다.

그러나 가슴은 느낀다: 안개가 있다고,
숲의 뒤숭숭한 움직임이 있다고,

라일락빛 회청색 저녁의
피할 수 없는 눈속임이 있다고.

오, 새처럼 안개 속으로 날아가지 마라!
세월은 백발의 어스름 속으로 사라지리라.
그대는 거렁뱅이 수도녀처럼
교회문 옆 한 구석에 서 있으리라.

어쩌면 나 또한 그대 앞을 지나가리라.
그대와 똑같은 초췌한 거렁뱅이의 모습으로.
오, 그대를 몰래 뒤쫓도록
나에게 천사의 날개를 달라!

그대를 못 본 척 피한다면,
나중에 기필코 후회하리라.
사랑은 여름에 시작하다가
9월의 가을에 끝났다.

애석하다, 지금이 겨울인 것이 (1920년)

오시프 에밀리예비치 만델시탐

애석하다. 지금이 겨울인 것이.
집안에서 모기소리 하나 들리지 않는 것이.
당신을 볼 때마다 떠올랐다.
경솔한 지푸라기의 모습이.

푸른 하늘을 맴도는 잠자리들.
유행은 제비처럼 돌고 돈다. 유행은
머리 위에 인 광주리인가? 아니면
허풍 떠는 송시인가?

나는 충고할 생각이 없다.
변명도 무익하리라. 대신,
휘저어 거품을 낸 크림 맛과
오렌지 껍질 향기는 영원하다.

그대는 언제나 되는 대로 얼버무린다.
그래서 더 나쁘다.

어떻게 할까? 더 없이 여린 분별력이
완전히 벌거벗었으니.

그대는 화가치민 숟가락으로
노른자를 휘저어 거품을 내려 한다.
노른자는 하얗게 변했고, 지쳐있다.
그렇지만 그대는 조금 더 휘젓는다.

그렇다, 당신 말이 옳다. 당신의 잘못이 아니다.
무엇 때문에 평가하고 다른 마음을 품는가?
당신은 희극적인 말싸움을 위해
특별히 만들어진 것 같다.

이탈리아의 빠른 음악처럼
그대는 늘 재촉하고 조른다.
버찌색의 작은 입은
드라이 와인을 달라고 애원한다.

그러니, 더 현명해지려 애쓰지 마라.
그대는 모든 것이 변덕이고 모든 것이 잠깐이다.
그대 모자의 그림자는
베니스의 대중가면이다.

II

서양어권 2

곁에 있는

스물여덟 언어의 사랑시

『구스따보 아돌포 베께르 86편의 시』 중에서 (1867년)

구스따보 아돌포 베께르

시 21
시가 뭐예요?, 너는 마주치며 말했지
내 눈동자에 네 푸른 눈동자를
시가 뭐예요? 네가 나에게 물으면?
시… 너.

시 23
단 한 번의 눈길로, 온 세상이,
단 한 번의 미소로, 온 하늘이,
단 한 번의 입맞춤으로… 글쎄?
단 한 번의 입맞춤을 네게 뭐라 할지!

시 30
눈물이 그녀의 눈에 드리우고
내 입술엔 미안하다는 말이…
나의 오만이 말했고, 그녀가 닦아낸 것은 그녀의 눈물,
내 입술엔 말이 말라버렸고.
나는 내 길로, 그녀는 그녀의 길로,

하지만, 생각해보면, 그때 우리의 사랑을,
나는 아직도 말한다
"왜 아무 말도 안 했을까? 나는, 그날"
그리고 그녀는 말하겠지
"왜 울었을까? 나는"

시 92
너의 생기는 꽃의 생기,
너의 목소리는 백조의 화음,
한낮의 광휘는 너의 눈길,
장미의 빛깔은 너의 색채.
너는 이미 죽어버린 내 사랑에
새 생명과 희망을 빌려주어
사막에서 나의 생명을 키운다
황무지에서 꽃이 피듯이.

나는 하얀 장미를 키웁니다 (1891년)

호세 훌리안 마르띠 뻬레스

나는 하얀 장미를 키웁니다
6월에도, 1월에도
내게 정직한 손을 내미는
진정한 나의 친구를 위하여.

엉겅퀴나 쐐기풀을 키우지 않습니다
나의 심장을 송두리째 뽑아가는
악당을 위하여
나는 하얀 장미를 키웁니다.

노래하기 위한 시 (1939년)

세사르 바예호

나는 알고 있습니다
한 사람이 밤낮으로 자기 손 안에서 나를 찾고 있습니다
자기 신발에서 매순간 만나고 있는데 말입니다.
행여 밤이 부엌 뒤에 *박차와 함께 묻혀 있는 것을
모르는 걸까요?

나는 알고 있습니다
나의 일부인 그 사람과 하나가 되어
정확한 자리에 놓여 말을 타고 나는 갑니다.
자신의 초상화와 함께 나가버린 돈이
자기의 궤짝으로 돌아오지 않는다는 것을
모르는 걸까요?

나는 알고 있습니다 낮을,
그러나 태양은 나로부터 도망쳤지요
나는 그가 자기 처소에서 세상에 대해 하는 행위를 압니다
낯선 얼굴로 미지근한 물을 가지고 늘 하는 피상적인 일이
광산을 캐는 것이란 걸.

그 사람은, 어쩌면, 너무 작아
자기 발로 자기를 밟는 사람일까요?

그녀와 나 사이의 경계는 그녀의 물컵 바로 옆에 있는
고양이입니다.
나는 구석에 있는 그녀를 봅니다, 옷장을 열었다 닫았다 하는,
예전에 이름 없는 *빨메라였던…
울 수밖에 없겠죠?

그래도 나를 찾고 또 찾네요. 역사입니다!

*박차: 승마에서 구두 뒤축에 다는 금속으로 말에게 신호를 보낼 때 사용
*빨메라: 훌라멩꼬(flamenco) 춤에서 박수를 치며 추임새를 넣는 여자

소망 (1920년)

훼데리꼬 가르시아 로르까

너의 따뜻한 마음이면,
충분해.

나의 천국은 들판
밤꾀꼬리도
시도 없는,
작은 시냇물과
작은 분수가 있는.

풀 위의
거센 바람도,
나뭇잎이 되고 싶은
별도 없는.

여기저기
반딧불이가
내는 엄청난
빛이 있는,

시선이 부서지는
그런 들판에서.

청결한 안식처
그리고 그곳에 우리의 입맞춤,
메아리의
속삭임이 흩어지는 곳,
아주 먼 곳에나 있겠지.

너의 따뜻한 마음이면,
충분해.

지극히 고귀하고 정숙한 자태라

『신생 Vita Nuova』 중에서 (1293-1294 집필, 1295년 출간)

단테 알레기에리

지극히 고귀하고 정숙한 자태라
나의 여인이 인사를 건네면,
혀가 떨려 벙어리가 되고,
두 눈은 그녀를 볼 용기가 없네.

칭송을 들으면서도
겸손을 덕스럽게 간직한 채 걸어가는 그녀는,
기적을 행하기 위해 천상에서
지상으로 내려온 피조물 같구나.

사람들의 눈에 비친 그녀는 너무나 아름다워
경험하지 못한 자들은 알 수 없는
달콤함이 두 눈에서 심장으로 흐르네

그리고 그녀의 얼굴에서 흘러나오는 듯 하네
사랑으로 가득한 부드러운 마음이,
영혼에게 말하며. '한숨 쉬어라'.

축복이어라. 그 날, 그 달, 그 해

『칸조니에레 Canzoniere』 중에서 (1336년 출간)

프란체스코 페트라르카

축복이어라. 그 날, 그 달, 그 해,
그 계절, 그 시절, 그 시간, 그 순간,
그 아름다운 마을, 나를 이끌었던
나를 사로잡았던 그대의 아름다운 두 눈으로

또한 축복이어라. 내가 처음 사랑에 빠져
알게 된 달콤한 고통도,
나를 겨누는 화살들과 활도,
나의 심장에 이르는 상처들도.

축복이어라. 내 여인이름을 부르며
여기 저기 흩뿌린 나의 목소리도
한숨도, 눈물도, 절절함도.

또한 축복이어라. 나에게 명성을 주는
모든 글도, 한결같이 오직 그녀만을 위한
나의 상념들도

실비아에게 (1828년)

자코모 레오파르디

실비아, 아직도 기억하는지
살아 있던 그 시절,
행복하고 수줍던 너의 눈에서
아름다움이 반짝거릴 때
그리고 그대, 즐겁고 사려 깊은 그대는 다가가고 있었나
청춘의 끝자락에?

조용한 방과
주변 거리가 울리고 있었지
그칠 줄 모르는 그대 노래에
그대는 아낙네 일에 열중해
앉아있었고, 매우 행복했지
머릿속에 그리던 막연한 미래에
향기가 가득한 5월이었지, 그대는
그렇게 나날을 보냈었지.

내 인생의 가장 좋은 시절에
사랑했던 연구와 땀에 젖은 원고를
이따금 제쳐두고
아버지 댁의 베란다에서
나는 귀 기울리곤 하였지
그대 목소리와
바쁘게 직물을 짜던
그대의 손길을
맑은 하늘, 금빛 거리와 들녘
그리고 한쪽 먼 바다와 다른 쪽 먼 산을
물끄러미 바라보곤
인간의 언어로는 표현할 수 없는 것이
내 마음을 스쳐갔지.

오 나의 실비아! 고귀한 생각,
희망, 감수성을 가졌던가
그 시절 우리에게 어떻게 보였던가
인간의 삶이며 운명이!
그 커다란 희망을 회상하면,
그 감정이 날 억누르고
견디기 힘들고 괴롭다오
그리고 나의 불행으로 나는 슬픔에 빠진다오

오, 자연이여, 자연이여,
그대 그 옛날 약속했던 것
어이해 훗날 베풀지 않는지? 왜 그토록
그대 자식들을 속이는지?

당신은, 겨울이 들판을 메마르기 전에
불치의 병에 패배하고 고통 받았고
시들어 갔으니, 아 나의 가련한 여인아. 그대는 볼 수 없었다
꽃피는 것을,
그대의 검은 머리 결이나
사랑스럽고 수줍던 눈빛에 대해 달콤한 칭찬으로
그대의 마음을 온화하게 하지 못했고
축제날 친구들과도
사랑을 이야기하지 못했지.

곧 사라질 것이다
나의 달콤함 희망 역시, 내 인생의
청춘도 부정하리라
운명이. 아아
어찌 그대는 떠나갔는가,
내 청춘의 동반자,
나의 눈물 젖은 희망이여!

세상은 이런 것 입니까?
우리가 함께 이야기했던
즐거움, 감정, 일, 사건들이
이것이 인간의 숙명인가?
진실의 문턱에서
그대, 가엾은 사람, 쓰러져, 그대의 손으로
싸늘한 죽음과 헐벗은 무덤을
저 멀리서 보여주었구나

소네트 5번 (연대 미상)

루이스 바스 드 카몽이스

사랑은 보이지 않게 타오르는 불길이어라,
아프지만 느낌이 없는 상처이자,
불편한 기쁨이자,
고통스럽진 않지만 미칠 듯한 통증이어라.

간절히 원하기에 아무것도 원치 않는,
군중 속 고독한 행보이어라,
기쁨에 결코 기뻐할 수 없는,
잃음을 통한 얻음의 이치 그 깨달음이어라.

구속감의 자발적 수용이어라,
승자(勝者)에게 복종하는 것이 곧 승자가 되는,
우리를 죽이려는 이에게도 충절을 지키는 신의(信義)이어라.

그러나 사랑이 이러할진대 어떻게
인간의 마음에 우의(友誼)를 다질 수 있으리오,
그 자체로 이리도 모순된 속성을 지니고 있을진대?

사랑 그 주고받음 (연대 미상)

카스트루 아우비스

사랑 그 주고받음! 그토록 갈망하던
그토록 간절히 바라 마지않던 꿈
뜨거운 광란에 사로잡힌 날 달래며 잠들었지
서로를 알아갈 이 달콤한 밤을 꿈꾸며!
네 숨결을 느끼며 네게 사랑을 받는다
날 애무하며 불타오르는 얼굴!
내 생각을 주시하는 네 눈동자,
내 안에 네 영혼을 느낀다, 삶이 오롯이 충만해진다
그토록 순수하고 숭고한 감정으로.

두 강줄기가 서서히, 함께,
바닷속으로 함께 자취를 감추며 하나된 우리를 바라본다
광기 어린 격정에 휩싸여 네 손가락에 입맞춤한다
하나가 된 우리의 영혼, 우리의 숨결,
사랑하는 이, 사랑받는 이마저도 뒤섞여 혼란스럽다.
마치 행복한 천사인 냥... 생각이란!?

테레자의 작별인사 (연대 미상)

카스트루 아우비스

처음으로 테레자에게 내 시선이 고정된 순간,
초목이 물길에 휩쓸리듯,
우리는 원을 그리며 돌아가는 왈츠에 몸을 맡겼다...
그리고 우리는 함께 사랑을 나눴다... 그 후 그 방에서
"안녕" 떨리는 목소리로 난 그녀에게 말했다...

그러자 얼굴을 붉히며, 그녀는 내게 속삭였다. "안녕"

어느 날 밤... 커튼이 살짝 걷히고...
한 신사가 침실을 빠져나왔다
베일을 벗은 한 여인에게 입을 맞추며...
바로 나였다... 파랗게 질린 테레자였다!
"안녕" 그녀를 우두커니 남겨 둔 채 난 그녀에게 말했다...

그러자 입맞춤 사이사이 그녀는 내게 속삭였다. "안녕!"

세월이 흘렀다... 오랜 격정의 나날들
완벽한 희열... 천상의 환희...

... 하지만 어느 날 난 내 고향으로 돌아갔다.
떠나며 난 말했다, “돌아올게요!... 쉬고 있어요!...
그녀는, 어린아이보다 더 크게 울음을 터트렸고,
흐느끼며 그녀는 내게 속삭였다. “안녕!”

내가 다시 돌아갔을 때... 궁전에서는 파티가 한창이었다!...
그곳에서 관현악단의 연주에 맞춰 ‘그녀’와 한 남자의 목소리가
사랑으로 하늘의 푸르름을 가득 채우고 있었다.
내가 들어갔다!... 그녀는 하얗게 질려... 놀란 눈으로 날 바라보았다!
그것이 내가 본 테레자의 마지막 모습이었다!...

그렇게 그녀는 가쁜 숨을 몰아쉬며 내게 속삭였다. “안녕!”

길 한가운데서... (1888년)

올라부 빌라키

내가 도착했다. 네가 도착했다. 넌 고단한 모습으로 왔고,
난 애처롭고 고단한 모습으로 왔다.
넌 꿈으로 충만한 영혼을 지니고 있었고,
난 꿈으로 충만한 영혼을 지니고 있었다...

그리고 우리는 갑자기 인생의 길 위에 멈춰 섰다.
오랜 세월 동안, 내게 얽매여 있던
너의 손, 불투명한 미래
난 네 눈빛이 품고 있던 광채가 필요했었다.

오늘, 넌 다시 길을 나선다... 떠나는 길
눈물조차 네 눈가를 적시지 못한다,
이별의 아픔조차 네 마음을 움직이지 못한다.

그렇게 난, 쓸쓸히, 얼굴을 돌린다, 그리고 흐느낀다,
사라져가는 네 모습을 바라보며
길 끝, 막다른 모퉁이에서.

사랑은 내보이고자 하면 (1928년)

페르난두 페소아

사랑은, 내보이고자 하면,
보이지 않는다.
그녀를 바라보는 데는 능수능란하지만,
그녀에게 말을 할 줄 모른다.

느끼는 것을 이야기하고 싶은 이는
무엇을 이야기해야 하는지 알지 못한다.
말을 하면, 거짓인 듯싶고...
입을 다물면, 잊은 듯싶다...

아, 하지만 그녀가 헤아릴 수 있다면,
그 눈빛을 들을 수 있다면,
그리고 눈빛만으로 그녀가 충분히,
자신이 사랑받고 있다는 것을 알 수 있다면!

그러나 마음이 깊은 이는, 입을 다물고,
마음의 깊이를 이야기하고 싶은 이는

영혼도 말도 없이,
오로지 홀로 남는다!

그러나 그녀에게 털어놓을 수 있다면
내가 감히 그녀에게 털어놓지 못한 것을,
그럼 그녀에게 말하지 않아도 될 텐데
왜냐하면 그녀에게 말하고 있기에...

모든 연애편지는… (1935년)

알바루 지 캄푸스

모든 연애편지는
우스꽝스럽다.
우스꽝스럽지 않다면
연애편지가 아닐 것이다.

나 역시 젊은 시절 연애편지를 썼다,
다른 연애편지들처럼,
우스꽝스러웠다.

연애편지는, 사랑이 담겨 있다면,
그래야만 한다
우스꽝스러워야만 한다.

하지만, 생각해 보면,
단 한 번도 연애편지를
써보지 않았던 사람들만이
우스꽝스러울
뿐이다.

연애편지가
우스꽝스럽다고
생각 할 겨를도 없이
내게 편지를 쓰게 했던 이.

솔직히 얘기하면 지금은
그 연애편지들에 대한
내 기억이
우스꽝스럽게
여겨진다.

(어미에서 세 번째 음절에 악센트가 오는 모든 단어들은, 기묘한 감정들처럼, 당연히 우스꽝스럽기 마련이다.)

사랑 시 (1170년경)

핸드릭 판 펠더커

사랑의 묘약은
사랑의 힘보다 강해,
그의 의지와 상관없이
트리스탄은 이졸데와 사랑에 빠졌소.
내 사랑하는 여인이여, 나의 진심을
알아 주기 바라오: 사랑의 묘약 따위는
입에도 대지 않은 내가,
트리스탄 보다 몇 백배 더 많이
당신을 사랑하오. 인간에게 허락된 그 어떤 사랑보다도 깊이.
한 오라기 거짓없이,
완연한 아름다움 속에서,
나는 당신의 사랑이 되고,

당신은 또한 나의 사랑이 되게 하소서.

달콤한 입맞춤 (1570년)

얀 판 더르 노우트

그대의 아름다운 입술에 달콤한 입맞춤을 선사하면,
내 모든 감각들이 희열에 전율합니다.
오, 아름다운 여인이여, 사랑스러운 그대여,
그대가 내게 눈 맞춰 줄 때면, 내 심장은 사랑의 기쁨에 터질 것만 같습니다.

내 사랑, 내 사랑, 내 사랑 (1609년)

피터 코르넬리스존 호프트

나의 입술이 그녀의 작은 입술을 훔쳤을 때,
내 사랑은 나에게 이렇게 속삭였네. 내 사랑, 내 사랑, 내 사랑.
이 세 마디 외침은 너무도 맑고 선명하게
내 귓속으로 미끄러져 들어와 지칠 줄 모르고 끊임없이
내 머릿속을 온통 휘저어 놓았네. (어떻게 그럴 수 있는 걸까?)
냉철한 내 이성은 내 귀를 의심해 보았지만, 그 세 마디 속삭임은 다시금 메아리쳤네.
하여 내 여인에게 부탁하였네. 그녀의 목소리를
더 분명히 들려 달라고; 그리고 그녀는 내게 다시 속삭여 주었네.
오, 내 마음은 이내 충만함으로 가득해졌고 기쁨으로 넘쳐났네!
그녀의 가득한 자비 속에서 내 영혼은 빠져나올 수 없었네.
하지만 바로 그 때, 아침을 알리는 새벽 별과 함께 그녀는 사라져 버렸고,
눈부신 태양은 비통스러운 진실과 함께 떠올랐네.
신이시여, 어떻게 꿈이 그토록 생생할 수 있나요,
현실이 꿈과, 꿈이 현실과 그토록 비슷할 수가 있단 말인가요?

너무도 사랑스럽고 화사한 당신 (1890년)

헤르만 호르터르

당신을 사랑합니다,
너무도 사랑스럽고 너무도 화사한 당신을
빛으로 가득한 그대의 두 눈,
당신을 사랑합니다, 당신을 사랑합니다.

그대의 코와 입과 머리카락과
두 눈과 옷깃이 기대어 있는
당신의 목과 한 가닥 흘러내린 머리카락 뒤
당신의 귀를 사랑합니다.

내가 당신일 수 있기를 바래 보지만,
그건 불가능한 일입니다,
세상의 빛은 온통 당신을 감싸고, 누구도 흉내 낼 수 없는
그 모든 것이 바로 당신이니까요.

오 내 마음은 진실로 당신을 사랑합니다.
너무나도 간절히 당신을 사랑합니다.
이렇게 당신께 얘기할 수 있다면
하지만 나는 감히 그럴 수가 없습니다.

사랑 (1926년)

마리아 파블리코프스카 야스노제프스카

벌써 한 달째 그대를 보지 못했습니다.
뭐, 별거 아니죠. 단지 조금 더 창백해지고,
조금 더 졸리고, 조금 더 말이 없어졌을 뿐.
한 가지는 분명해졌네요, 공기 없이도 사람이 살 수 있다는 것.

사랑 (1927년)

마리아 파블리코프스카 야스노제프스카

당신은 줄곧 생각에 잠겨있군요. 완고하고 은밀하게.
창문 너머를 바라보는 당신의 눈엔 슬픔이 서렸네요...
당신, 목숨보다 날 더 사랑하잖아요?
작년에 당신 입으로 분명 그렇게 말했잖아요.

당신은 웃고 있지만, 거기엔 미소 말고 다른 뭔가가 깃들어 있어요.
하늘 위, 뭉게구름이 만든 조각들을 바라보고 있네요...
내가 하늘이고, 내가 세상이라고,
작년에 당신 입으로 분명 그렇게 말했잖아요.

＊ ＊ ＊ (1963년)

할리나 포시비아토프스카

나의 원시적인 언어로
꽃은 꽃이라 부르고,
공기는 공기라 부르고,
또각또각 아스팔트 위를 걸어가며
구두 굽으로 두드린다
아스팔트, 아스팔트, 아스팔트
그리고 부드럽게 말해본다, 바위라고
마치 바위가 벨벳이기라도 한 듯
그리고 네 목덜미에 내 얼굴을 파묻는다
마치 거기 고양이의 따스한 털이 돋아있기라도 한 듯
나는 사랑한다
나의 원시적인 언어를
그리고 말한다: 사랑해

내 모든 죽음 (1966년)

할리나 포시비아토프스카

사랑으로 인해 몇 번이나 죽을 수 있을까
처음엔 대지의 쓰디쓴 맛
그 씁쓸한 맛
자극적인 꽃 한 송이
타는 듯 붉은 카네이션

두 번째는 단지 공간의 맛
새하얀 맛
서늘한 바람
소리 없이 질주하는 바퀴의 메아리

세 번째, 네 번째, 다섯 번째는 덜 품위 있게
그저 정해진 일과에 따라 나는 죽었다
방 안, 거꾸로 뒤집어진 네 개의 벽
그리고 내 위로 너의 예리한 옆모습.

서정적인 대화 (1950년)

콘스탄티 일데폰스 가우친스키

- 날 얼마나 사랑하는지 말해줘.
- 말할게.
- 자, 그래서?
- 햇빛 아래 있는 널 사랑해. 희미한 촛불 옆에 있을 때도.
  중절모를 썼을 때도, 베레모를 썼을 때도 널 사랑해.
  도로에서 거센 바람을 맞을 때도, 음악회에 갔을 때도 널 사랑해.
  라일락 나무 그늘에서도, 자작나무 숲에서도, 나무딸기 덤불에서도, 단풍나무 아래서도.
  네가 잠들어 있을 때나 네가 일에 열중하고 있을 때도.
  네가 달걀을 말끔하게 터뜨릴 때도,
  심지어 네가 숟가락을 떨어뜨릴 때도.
  택시 안에서도. 승용차 안에서도. 한 치의 예외도 없이.
  길 끝에 서 있을 때나 출발점에 있을 때도.
  네가 빗으로 머리카락을 둘로 가를 때도.
  위험에 처했을 때도. 회전목마를 탈 때도.
  바다에서도. 산에서도. 네가 장화를 신었을 때도. 맨발일 때도.

오늘도. 어제도. 내일도. 그리고 밤에도 낮에도.
제비가 날아다니는 봄날에도.
- 그럼 여름에는 어떻게 날 사랑하는데?
- 한여름 밤의 동화처럼 널 사랑해.
- 구름이 잔뜩 낀, 감상적인 가을날에는?
- 네가 우산을 잃어버려도 널 사랑해.
- 유리창에 하얗게 성에가 내려앉은 겨울에는?
- 겨울엔 유쾌한 모닥불처럼 널 사랑해.
네 심장 가까이에서. 타오르는 불꽃 옆에서.
창밖엔 소복이 쌓인 눈, 그 위에 앉은 까마귀들.

번민 (1924년)

얀 레온

어느덧 싸늘해진 가을날이 점차 생기를 잃어가는 중
머릿속에 네 사랑스러운 모습을 떠올려본다.
날 괴롭히던 고통이 순식간에 사그라진다.
정원으로 나가보자. 노여워할 필요가 없잖은가.

저길 좀 봐: 호수 위, 구름 저편에서 달이 헤엄쳐오고 있네.
찬물이라도 끼얹은 듯 고요 속에 파묻힌 정원.
그저 이따금 밤껍질이 갈라지는 소리만 들려올 뿐.
대지의 속삭임에 귀를 기울여보자: 아마도 행복한 듯.

아카시아 나뭇가지로 차가운 바람이 파도처럼 밀려오네.
아! 우리를 향해 불었으면! 아! 우리를 휘몰고 갔으면!
거리의 낙엽을 청소하듯 우리의 아픔을 씻어주었으면!
사랑에 눈이 멀고, 분노로 창백해진 우리 두 사람을.

〈오월〉 중에서 (1836년)

카렐 히네크 마하

늦은 저녁이었지 - 오월의 첫 날 -
저녁 녘의 오월은 - 사랑의 시간이었다,
비둘기 소리가 사랑으로 초대했다,
솔숲 향기가 나는 곳에서.
고요한 이끼가 사랑을 속삭였고,
꽃피는 나무가 사랑의 고통을 은닉했다,
종달새가 장미에게 사랑을 호소하고,
향기로운 숨결은 장미를 드러냈다.
그늘 진 관목 숲 속 잔잔한 호수는
남모르게 고통의 비밀을 속삭였고,
기슭이 호수를 둥글게 둥글게 감싸 안았다.
다른 세계의 밝은 태양은
푸른 빛 띠로 떠돌았다,
사랑의 눈물이 타오르는 곳에서.
영원한 사랑의 성전에서 솟아오른
창공 속 그들의 세상도
연인이 만나는 것처럼 헤매고 나서야
- 서로에게 열렬한 사랑으로 타올라

희미한 불꽃으로 변해가면서 – 빛난다.
꽉 찬 달님의 아름다운 얼굴은
– 그토록 창백하게 청명하고 청명하게 창백하다,
마치 사랑하는 여인이 사랑하는 이를 찾듯이 –
붉은 빛으로 타올랐고,
물 위의 자신의 모습을 보았고
자신에 대한 사랑으로 죽었다.
늘 서로에게 가까이 더 가까이 다가갔던,
뜰의 창백한 그림자가 계속해서 빛났다,
마치 포옹한 채 낮게 더 낮게
석양의 자궁 속으로 감겨 들어 가듯이
결국 어스름 속에서 하나가 될 때까지.
그들과 함께 나무들이 서로에게 감긴다. –
가장 멀리서 산들의 어스름이 그림자를 드리운다,
자작나무가 소나무에게 소나무가 자작나무에게
기울이는 곳에서. 물결은 물결을 따라
시냇물이 되어 서두른다. 모든 창조물은 사랑으로 –
사랑의 시간 속에서 – 충만하다.

사랑은 가냘픈 초처럼 타버렸다 (1857년)

얀 네루다

사랑은 거센 바람에 타오르는,
가냘픈 초처럼 타버렸다,
나는 그녀에게 더 이상 아무것도 느끼지 않는다고 말했다,
그녀는 멍청하게도 그것 때문에 울었다.

그녀는 이미 대체로 알고 있었다고,
내가 이미 다른 사람들 옆에서 무뢰한이곤 했다고 흐느꼈다,
그녀는 분명 물에 빠져 죽을 거라고 말했다,
더 이상 살 필요가 없다고.

그녀는 달려갔고 나 멍청이는 그녀 뒤를 따랐다,
그냥 앉은 채 머물러 있을 수도 있었다,
그녀가 꿈에서도 익사하지 않으리라는 것을,
그 때 나는 벌써 알 수 있었다.

가을의 사랑 (1885년)

야로슬라프 브르흘리츠키

무성한 잎 속에서 검은 빛 포도가 다시 통통해지고,
여름의 온 열기가 그 알갱이 속에 숨어있다.
오, 사랑하는 걸 잊은 사람들이여,
오, 시간이 있는 한, 그늘진 정자 속으로 오라!

사랑의 축제를 향한 가을은 다른 톤과
다른 색을 지녔다. 벌들은 윙윙거림을 멈추었다.
가득한 벌집 안에서, 새들은 벙어리가 되었다;
아마도 그래서 목덜미가 목덜미로 더 가까이
감기는 거겠지.

오월은 사랑 안에서 수줍어하는 어린 소년이었고
야생의 여름은 너무나 벌거숭이 무릎으로
그저 유혹했다, 그러나 열정을 만족시키지 못했다.

허나 가을은 자기의 매력을 교태롭게 숨기고 있다,
네가 양팔 안에서 제멋대로 방탕하게 보내는 그런 매력을,
가을은 너에게 모든 걸 잊도록 가르친다 – 자신의 와인으로.

연인 (1924년)

콘스탄틴 비블

우리가 죽어서는 꽃이 되겠지.
낮에는 사람들에게 기쁨이 될 테고
밤에는 우리 둘만 있게 되겠지.

리디가 배를 타고 (1906년)

어디 엔드레

야호, 기쁨의 배가 온다
벌써 리디를 내 쪽으로 데려온다.
나는 보았도다, 그대를 벌써 보았도다, 꽃무늬의 화려한
양탄자 위에 앉은, 나의 여인을,
그대의 배 안에 핏빛 자주색 장미꽃.
그대도 소망하지? 나 역시 그대를 소망해.
야호, 우리는 오랫동안 못 만났어.

오, 이런, 이곳 해변에서 어지럼증이 나.
오, 이런, 곧 그대가 여기 와 있을 텐데,
앞으로 내가 그대에게 묻고 그대가 내게 묻겠지
그리고 두 목마른 영혼이 맞부딪히겠지
그리고 나는 내 머리를 그대 가슴에 파묻겠지.
이런, 그러면 안 되는데. 오지 마, 나는 떨리고 두려워.
오, 이런, 우리는 오랫동안 만나지 못했어.

너의 눈을 보호하리 (1913년)

어디 엔드레

이미 주름진 내 손으로
그대의 손을 꼭 잡으리,
이미 침침한 내 눈으로
그대의 눈을 보호하리,

세상이 파괴될 때
두려움에 쫓기는
원시의 야수, 나는 그대에게 왔네,
그리고 두려워하며 그대와 같이 기다리네.

이미 주름진 내 손으로
그대의 손을 꼭 잡으리,
이미 침침한 내 눈으로
그대의 눈을 보호하리,

왜 그런지, 언제까지 그대와
머무를 수 있을지, 나는 모르네,
그러나 나는 그대의 손을 잡으리
또 그대의 눈을 보호하리.

덤불이 떨리는 건... (1846년)

페퇴피 샨도르

덤불이 떨리는 건,
작은 새가 그 위에 앉았기 때문.
내 마음이 떨리는 건,
그대 생각이 나기 때문,
그대 생각이 나기 때문,
그대는 작은 소녀지만,
드넓은 세상에서
가장 큰 금강석이라!

도나우 강물이 가득 불었어,
아마 흘러넘치기 직전이겠지.
내 마음도
터지기 직전이야.
내 사랑, (나를) 사랑하지?
난 당신을 사랑해,
당신 부모님보다
훨씬 더 사랑해.

난 알아, 우리가 함께 했을 때,
당신이 나를 사랑했었던 것을.
그 때는 따스한 여름이었는데,
지금 어느새 겨울, 추운 겨울이야.
지금 그대가 나를 사랑하지 않는다 해도,
하느님께서 축복해주시기를,
혹시 지금도 나를 사랑하고 있다면, 부디
수 천 배 더 축복해주시기를!

그대의 두 팔에 안겨 (1941년)

러드노티 미클로시

네 두 팔에 안겨 나는 조용히
흔들리네;
내 두 팔에 안겨 너는 조용히
흔들리네.
네 두 팔에 안긴 나는 아이,
입을 다무네.
내 두 팔에 안긴 너는 아이,
나는 귀 기울이지.
내가 두려워할 때,
너는 두 팔로 나를 안아주네,
내 두 팔로 그대를 안으면
나는 두렵지 않네.

네 두 팔에 안기면 죽음의 거대한
침묵도
두렵지 않네.

네 두 팔에 안겨
나는 마치 꿈처럼,
죽음을 견디네.

사랑하는 이가 거리를 지날 때 (1925년)

요제프 어띨러

사랑하는 이가 거리를 지나갈 때,
비둘기들이 참새들 가까이 앉아 있네.

그녀가 살며시 인도로 올라설 때,
사랑스러운 복사뼈가 깜빡이며 빛나네.

그녀의 어깨가 조금 움츠러들 때,
한 어린 소년이 뒤에서 입을 다물지 못하네.

사뿐사뿐 그녀가 걷네 - 어느새 불 밝힌 가로등이
그녀를 사랑스레 바라보네, 즐거이 놀라워하네.

그리고 그녀에게 미소 짓네, 누구도 방해하지 않네,
그녀가 내 마음의 뿌리이고 가지이니.

그녀를 안고, 조심스럽게 흔드네,
오, 두렵네 - 그녀를 빼앗길까!

못된 기분이 내 가슴으로 날아와,
시기심으로 꽃 한 송이를 꺾네.

내 사랑이 걸어가네, 아름답게, 멋지게,
날씬한 바람이 그녀 뒤에서 시원하게 불어오네.

그대 놀아보고 싶지 않은가? (1912년)

코스톨라니 디죄

그대여, 말해 보게, 내 놀이 친구가 되고 싶은가?
언제나 놀아보기를, 언제나 놀아보기를 원하지 않는가,
어린 아이의 마음에 중요하게 보이도록,
함께 어두운 곳에 가서 숨고 싶지 않은가,
정말 진지하게 상석에 앉아서,
포도주와 물을 측량하며 채우고,
진주를 던지고, 아무 것에도 기뻐하지 않고,
한숨 지며 낡은 옷을 입고 싶지 않은가,
삶이 무엇이든, 모든 것과 놀아보고 싶지 않은가,
눈이 오는 겨울과 길고 긴 가을과 놀아보고 싶지 않은가,
말없이 그대와 차를 마실 수 있지 않을까,
루빈 차와 차에서 피어나는 노란 김을?
완전하고, 순수한 마음으로 살아보고 싶지 않은가,
로터리에, 11월이 왔다 갔다 하고,
이 거리의 청소부, 가난하고 아픈 사람이,
그 사람이 우리 창문 아래에서 휘파람을 부는 걸,
오랫동안 귀 기울이고, 가끔-가끔 두려워하고 싶지 않은가?
뱀과, 새와 놀아보고 싶지 않은가,

긴 여행, 기차, 배,
크리스마스, 꿈, 모든 좋은 것과 놀아보고 싶지 않은가?
행복한 애인과 함께 울음을 색칠하고,
화려한 묘지를 꾸미며 놀아보고 싶지 않은가?
살기를, 영원히 살기를 원하는가,
현실로 변하는, 놀이를 하며 살고 싶은가?
꽃들 사이에 저 아래 땅에 눕고 싶은가,
그리고 그대, 그대 죽음과 놀아 보고 싶지 않은가?

일몰(日沒) (1901년)

요반 두취치

아직도 구릿빛 하늘은 타는 듯 빛나고 있다,
강물은 저녁 잉걸불로 붉어졌다
여전히 불안정한 불길이 마치 타오를 듯하다
오래된 검은 침엽수 숲으로부터.
어딘가 멀리에서 헐떡이는 소리가 들려온다
물레방아 수레바퀴가 불안정한 목소리로,
하지만 계곡 위에는 아직도 하늘이 타오르고 있다,
하루살이는 벌써 물결 위에서 잠이 들었다.

또 다시 어느 날 밤... 내겐
어딘가 멀리, 세 바다를 건너,
최초의 정적 속에서 태양이 질 때,
슬픔에 젖은, 에메랄드 광산의 그림자 속에서
갈망과도 같이 창백한, 미지의 여인이,
왕관을 쓰고 광채를 내며, 날 생각하고 있는 것 같다...
힘겹고, 끝이 없는 그녀의 영원한 슬픔은
밤, 정적과 어둠 가까이에 있다.

정원 앞에는 대양(大洋)이 펼쳐져 있다,
푸르른 갈매기 떼가 사방으로 날아오른다;
시들어 죽어버린 장미꽃다발 속에서
바람이 슬픈 꿈의 노래를 속삭인다.
거대한 두 스핑크스가 금빛 하늘을 향해
말없이 그리고 그렇게 조용히 보초를 서고 있다,
그녀가 울고 있는 동안에... 바다의 돛 너머엔
피로한 태양이 천천히 지고 있다.
그 누구에게도 이름과 얼굴이 알려지지 않은, 나도
그때 그녀의 모든 생각을 깨닫는다.
그녀의 신의는 창백한 입술로부터 언급된다
신의는 죽음처럼, 희망 없는 사랑처럼, 강렬하다...
아, 내게 절대 말하지 말라: 그렇지 않다고,
내 심장도 스스로에게 거짓말하지 않는다
울고 싶기 때문에, 내가 고통스럽게 울고 싶기 때문에,
결코 위로받지는 못할 것이다!

현실과 꿈 사이에 (1863년)

라자 코스티치

가난한 나의 마음이여,
누가 너를 내 집에 불렀는가?
지칠 줄 모르는 꿈을 잣는 이여
왜 천을 얇게 짜는가
현실과 꿈 사이에서.

나의 마음이여, 무감각한 마음이여,
천과 함께 무엇을 생각하는가?
그 늙은 천 짜는 사람처럼,
낮에 짰다가, 밤이면 풀어버리는,
현실과 꿈 사이에서.

나의 마음이여, 성난 마음이여,
생생한 천둥이 너를 죽였구나!
천 속에서 길을 찾는
나를 살게 하지 않았기 때문에
현실과 꿈 사이에서!

귀환 (1920년)

안툰 브랑코 쉬미치

당신은 예감하지 못합니다
나의 귀환과 나의 가까움을
당신의 귓속에 나직한 달빛이 속삭이는 밤
알아주세요.

달빛이 당신의 집 주변으로 발걸음을 옮기는 것이 아니라.
내가 당신의 정원 안 푸르른 길을 헤매고 있다는 것을.

눈부신 정오 당신이 걸음을 옮기다
멈췄을 때
낯선 새들은 겁먹은 채 소리를 내지릅니다
알아주세요
그것은 가까운 물가로부터 내 심장이 내지르는 외침입니다.

당신이 땅거미를 가로질러 어둑하고 잔잔한 물가로부터
바라보고 있는 움직이는 검은 그림자는
알아주세요
꼿꼿하고 엄숙하게 내가 마치 당신의 옆에 있는 것처럼
발걸음을 옮기는 것입니다.

나의 저녁 별이여 (1847년)

타라스 쉐브첸코

나의 저녁 별이여,
언덕 위로 오르렴,
우리 몰래
조용히 얘기를 나누자
내게 말해줄 수 있니
저 언덕너머로
해는 어떻게 지는지
그리고 무지개는 드니프로의
강물을 어떻게 빌려오는지
저 아름드리 검은 포플러가
어떻게 가지를 주변으로 뻗어가며
버드나무는 수면 위로
어떻게 몸을 구부리는지
파릇한 가지들이
수면에 닿을 듯 말듯한데
그 가지위에서 아직 세례 받지 않은
아이들이 그네를 타고 있네

저 풀숲 무덤 위에서
어떻게 늑대인간이 잠을 자고
숲속 부엉이는 지붕 위에서
어떻게 불행을 점치며
한밤 중 계곡의 들꽃이
어떻게 피고 자라는지

사람들에 대해선...괜찮아
그들이 선하다는 걸 알아
그들을 아주 잘 알거든
나의 별! 내게 남은 유일한 친구여!
그런데 조국 우크라이나에서
무슨 일이 일어나고 있는 줄 알아?
난 알고 있어. 네게 얘기해 줄게
난 잠들지 않을 거야
네가 내일 하느님께
모든 것을 조용히 전해다오

농가 옆 체리밭 (1847년)

타라스 쉐브첸코

농가 옆 체리밭
체리 위로 딱정벌레 윙윙 거리네
밭을 간 농부들은 쟁기를 들고 걸어오며
시골 소녀들은 노래를 흥얼거리며 지나가네
어머니는 저녁 준비를 하고 기다리시네

가족들은 식사를 하고
저녁 별님은 기지개를 켜네
저녁 시중을 드는 딸에게
어머니는 무언가 가르치고 싶은데,
잘 되질 않네. 그게 나이팅게일 탓이라네

어머니는 집 옆에서
어린 아이를 잠재우다
아이와 같이 잠들어 버리네
모든 것이 정지된 고요 속
오직 소녀들만이
나이팅게일만이 밤을 지새네

왜 당신은 내 꿈 속에 나오시나요? (1896년)

이반 프랑코

왜 당신은 꿈 속에 나오시나요?
왜 꿈속에 내게 나타나는 걸까요?
차가운 우물 바닥처럼
투명하고 슬픈 아름다운 두 눈으로
왜 나를 쳐다보시나요?
그런데 왜 당신의 입은 굳게 닫혀 있죠?
무슨 원망과 고통
그리고 내 뱉지 못한 욕망이
터질듯한 그 붉은 입술에 머물러 있다
조심스레 어둠 속으로 사그라지는걸까요?

왜 당신은 내 꿈 속에 나오시나요?
현실에선 내게 냉대하던 당신
나의 마음을 고갈시키고
그 마음 속에서
아주 큰 통곡의 노래를
불러냈지요.
현실에선 당신은 날 모르는 척 하고

당신이 길을 걸어내려와 나를 스쳐갈 때
내가 인사를 해도 당신은 눈길도 주지 않지요
목례조차 하지 않는 당신
하지만 당신은 잘 알고 있지요
내가 얼마나 당신을 막무가내로 사랑하는지
기나긴 밤들 속에서 내가 얼마나 고통받는지
그리고 해를 거듭해가며
나의 고통, 나의 슬픔 그리고 그 노래들이
매일 나의 가슴을 짓누르는지

오, 안돼!
나타나줘요! 나의 작은 별이여, 내게!
적어도 꿈속에서라도!
그렇지 않으면
난 옴짝달싹도 하지 못하고
살 수조차 없을 거예요

오 고통받는 심장일지언정
진흙 속의 진주처럼
쪼그라들고 말라 비틀어질지언정
나의 꿈 속에라도 당신이 나타나신다면
불행이라도 순식간에 지나갈 것이고
나는 시나브로 숨을 고르고
삶의 위대한 경이로움과 청춘의 축복

그리고 두려운 그 갈망의 죄를
알게 될 것이에요!

마브카의 질문 (1912년)

레샤 우크라인카

"부부는 결혼을 해서 오랜 세월을 함께 하겠지?"
"물론, 영원히!"

"아! 비둘기들도 그렇지
가끔 나는 그들을 관찰하고 부러워해
그들은 너무 부드럽고 다정하게 서로 사랑하지
하지만 난 자작나무 보다 더 달콤한 것을 알지 못해
그래서 난 자작나무를 내 동생이라 부르지
그런데 내 생각엔 자작나무는 너무 창백하고 슬픈 것 같아
슬픔 가득 머리를 수그린 모습이 너무 슬퍼
쳐다보는 것만으로도 자주 눈물이 나곤 해
나는 오리나무를 좋아하지 않아. 너무 거칠어
사시나무와 바르르 떠는 포플러는 무섭기도 해
그렇게 늘 떠는걸 보면 자기 자신을 두려워하는 것도 같아
오크나무는 너무 진중해. 가시나무 그 야생 장미는
너무 가시가 많아. 산사나무들도 마찬가지야
물푸레나무와 단풍나무 그리고 버즘나무는 기세가 등등하지
불두화나무는 자신의 미모에 너무 빠져

다른 건 안중에도 없지
작년엔 나도 불두화나무 같았지 않나 싶어
그런데 불현듯 그런 생각이 들어
내가 아끼는 숲 속에서 내 자신이 이방인 같다는
혼자 남겨진 외로운 느낌말이지!..”

마리아에게 (1931년)

볼로디미르 소슈라

만약 과거와 현재 그리고 미래의
모든 인류의 사랑을 곱한다 해도
대낮처럼 눈부신 나의 사랑에 비하면
칠흙 같은 어둠에 지나지 않아
사람들은 이런 감정을 알 수 없겠지

만약 하늘의 모든 별들을
전 우주의, 천상의 모든 태양들을 모아 놓는다 해도
나의 사랑은 수 천 세기 동안 타오른 태양들 보다도
더 밝게 불타오를 거야

만약 온 행성들의 꽃들을 모두 모아
여명에 바람이 꽃들을 흔들어대어
향기를 뿜어낸다 해도
내 사랑의 향기가 영원토록 더 강렬할 거야

만약 이 세상에 존재한 모든 아름다운 여인들을 데려와
내 옆을 끝없이 지나게 한다 할지라도

마리아, 난 그들에게 눈길 한 번도 주지 않고
아무도 나의 노래를 받을 수는 없을 거야

그들이 아무리 한 시선으로 나를 녹이려하고
나의 마음을 빼앗으려 해도
내게 마법을 걸 수는 없을 거야
당신의 시선엔 감히 범접할 수도 없으니

나의 동반자, 나의 소중한 친구, 나의 아내
당신은 어느 별에서 내려왔나요?
나의 삶을 밝게 해줘요. 언제나.
당신은 별들보다 밝은 유일한 존재이니.

심장의 서사시 (1886년)

콘스탄티노스 카바피스

당신을 만난 이후로 모든 것이, 내게는, 미소처럼 다정합니다.
당신 눈의 거울에 기쁨이 비칩니다.
거기 멈추세요, 나의 빛, 나는 아직 당신에 대한
사랑으로 조여오는 내 심장이 가진 감정의 반도 말하지 못했습니다.
당신의 눈빛 한번이 그 말들을 내 입술에 가득하게 합니다.
가능하다면, 내게 말하지 마세요. 내게 매혹적으로
사랑과 찬양의 말들을 하지 마세요. 그저 당신이 여기 가까이 있고
내가 당신을 원한다고 말하고, 당신을 만지고,
당신과 함께 아침의 신선한 공기를 마시는 것으로 충분합니다. 만약 이 말이
당신에게 너무 크게 여겨진다면, 나는 그저 당신을 바라보기만 하겠습니다!

돌아와서 (1912년)

콘스탄티노스 카바피스

자주 돌아와서 나를 데려 가시오
내가 사랑하는 감정이여 돌아와 나를 데려 가시오-
몸의 기억이 깨어날 때
오랜 갈망이 내 피를 다시 관통할 때
입술과 피부가 기억을 떠올릴 때
그리고 손이 다시 닿는 듯 느껴질 때
자주 돌아와서 밤에 나를 데려 가시오
입술과 피부가 기억을 떠올릴 때…

연서 (연대 미상)

코스타스 우라니스

나는 알 수도 말할 수도 없습니다.
내가 시간의 끝에 다다를 때까지도
지금까지 그랬던 것처럼
당신을 사랑할 것인지

지금 장미처럼 피어나는 내 사랑이
여름이 태워버리는 장미처럼 다시
시들어 버릴는지도
나는 알 수가 없습니다.

내가 아는 것은 당신이 내 것이 된
그 날부터
닫혀있던 문들이 열리고- 기적이
내 삶으로 들어 왔다는 것뿐입니다.

내 안의 모든 것은
생기 있는 물이 습지를 뒤덮는 듯
나의 내면에서 기쁨을 외치는 빛으로 인해 달라졌습니다.

나는 그리워하던 모든 것을 이미 다 잊었고
갈망하던 것 또한 잊었습니다.
이제 내가 경험하지 못했던
새로운 젊음이 내게 날개를 달아주었습니다.

마치 마법 안경을 통해
삶을 들여다보는 듯이
내가 찾던 모든 것을 사랑이
이렇게나 차고 넘치게 가져다주니

사랑이 다시 돌아가야만 하는
그 날이 온다고 어떻게 말을 할 수 있겠습니까?
처음에 그러했던 것처럼 나 홀로 남으면
차라리 살지 않는 것이 낫습니다

사랑 (연대 미상)

코스타스 우라니스

사랑을 기다릴 필요가 없네: 대문 앞에 선채
죽은 길을 응시하면서
-올 것이라면 올 것이니, 그 때는 어디서 오는지도 모르게
당신의 뒤에서 소리 없는 걸음으로 다가 올 것이네

사랑은 그 하얀 손으로 죽을 길을 응시하느라 지친
당신의 두 눈을 부드럽게 감기고
당신이 웃으며 그에게 말을 걸 때 사랑은 당신에게 묻네...
나는 누구입니까?
심장의 떨림으로부터 당신은 사랑이 무엇인지 깨닫게 되리.

사랑을 기다릴 필요가 없네: 올 것이라면 올 것이니
모든 것이 닫혀있다 해도 사랑은 갑작스레 당신 앞에 나타나
먼저 두 팔을 벌려 당신을 안을 것이니.

당신이 사랑을 맞이하려 집에 환하게 불을 밝히고 기다린다
해도
사랑이 나타났을 때 당신이 그를 향해 달려가 발을 잡고 매

달린다 해도
올 것이라면 올 것이니 - 그것이 아니라면 스쳐 지나가리!...

사랑 (1919년)

코스타스 카리오타키스

내가 어둠 속에 있을 때. 내가 어둠이었을 때.
한 줄기 빛이 나를 보았네.

그 빛의 유쾌한 얼굴은 기분 좋게 시원했고
나는 바짝 마른 수선화였네.
깨어난 젊은 날이 어떻게 나를 흔들었는가,
어떻게 내 쓴 입술이 웃음지었는가

마치 그 빛의 눈이
더 이상 나는 조난자가 아니고 혼자가 아니라고 내게 말한 듯이!
그 온화함으로 아픔에 굳었던 마음이
녹는 듯 열렸네.

당신 곁에서 (1928년)

마리아 폴리두리

당신 곁에서는 바람이 거칠게 불지 않아요
당신 곁에서는 빛조차 평온해요.
우리 마음 속의 물레가
장밋빛으로 우리의 생각을 동여매요.

당신 곁에서는 고요함조차
상냥한 눈을 반짝이는 웃음소리를 닮았어요
우리가 때때로 이야기를 나누면
우리 곁 어딘가에 숨어있던 기쁨이 날아올라요

당신 곁에서는 슬픔도 꽃처럼 피어나
소리 없이 삶을 관통해요.
당신 곁에서는 모든 것이 달콤하고 솜털 같으며
어루만짐, 싱그러움, 숨결 같아요.

영원히 함께 (1892년)

펜초 슬라베이코브

한적한 해안가 너머 칼리나와
그녀의 푸르른 가지를 품에 안은 야보르*가 우두커니 서 있다.

나의 지친 몸을 그들 아래 서늘한 그늘에 쉬이고,
칼리나가 알리는 그녀의 비밀에 귀를 기울인다.

잎사귀들이 들려주는 수줍은 속삭임은 달콤하면서도 슬프다.
"나는 언젠가 이 기만적인 세상을 살아가던 소녀였어.

하늘에 떠 있는 태양이 나를 따스하게 감싸 주었지만,
아, 하지만 또 다른 태양은 나의 마음에 불을 지폈지!

이 태양은 높지도, 멀지도 않은 곳에서 -
내 곁, 가까운 뜰에서 나를 비추었어.

새하얀 뜰이 있는 그곳에서 아침 저녁으로 이보는 나만을 바라보았고
나는 슬픔이 가득한 채로 그의 노래와 이야기를 들었지.

"나의 첫 사랑, 나의 첫 연인이여,
나의 아버지와, 그대의 어머니가 우리를 허락하지 않는다 한들
갈망하지 마오, 비통해 하지도 마오.

진실된 표현, 진실된 사랑에 파멸이 어디 있겠소?
죽음일지라도 사랑으로 뛰는 심장을 갈라 놓을 수는 없소."

그의 말들은 달콤했지만,
살아서는 만날 수 없다는 고통은 쓰고도 아렸지…

해질녘 수돗가에서 하얀 물통들을 짊어지고 돌아오는 길에
동네 사람들이 모여있는 것을 발견했어.

바로 이보의 뜰, 커다란 문 앞이었지, -
"불쌍한 사람 - 그들이 소곤거리는 걸 엿듣게 되었어: -

심장을 찔렀어 - 칼이 아직도 심장에 박혀 있어!"

인파를 뚫고 소리를 지르며 그에게 달려 갔어,
이보를 보았지, 피를 흘리고 있는 이보를 보았어… 그의 심장에 꽂힌

그 날카로운 칼을 어떻게 빼내야 할지 방법이 떠오르지 않았어.
그리고 나는 그 칼을 나의 심장에 찔렀어.

죽음을 맞이하며 나는 이보 위에 쓰러졌고, 포옹으로 그를 감쌌어.

나의 어머니와 그의 아버지는 우리의 죽음에 만족하시겠지. 죽음을 통해 우리는 비로소 다시 서로를 사랑할 수 있게 되었어. 죽음은 우리에게 달콤했지!

사람들은 두 희생자의 사랑을 교회 마당에 묻지 않았어. – 그곳은 오로지 실제 죽은 이들이 묻히는 곳이야.

우리는 이 곳, 이 계곡 옆 해안가에 묻히게 되었어.
이 곳에서 야보르가 싹을 텄고, 나 칼리나도 그 옆에서 싹을 티웠지; –

그는 나뭇가지들로 나를 감쌌고, 나도 그 안에서 가지를 뻗었어. 죽음일지라도 사랑으로 뛰는 심장을 갈라 놓을 수는 없어.

나는 공상에 잠긴 채로 그들의 그늘 아래서
오랫동안 머물면서 그들의 이야기를 들었다.
나는 그들의 이야기를 나의 슬픈 노래에 담아 목 놓아 노래했다.

사랑해 (1906년)

페요 야보로프

사랑해 - 공기처럼 미묘한 그대, 미묘한 젊음 속에서,
천사의 꿈처럼
그대도 꿈이요 - 나의 슬픈 인생에서 조용한 기쁨을
예언하는 꿈
내 마음 속에서 처음으로 고백을 위해
선과 악이 울린다,
그리고 날이 새고 - 그리고 또 어둠이다

아직 새지도 않은 그대의 날
어스름 속에서 헤엄치고 있어서 그대를 사랑해
오랜 시간 전부터 방랑하는 나의 영혼이 찾는 그녀는
바로 그대 인 것 같아
나는 안개로 앞이 보이지 않는 바닷가를 바라보며
멍하니 고통 받고 있어
그대만을 간절히 기다리고 있어
결국 나는 깊은 수렁의 끝을 향해 가고 있다

숙명적인 운명에도 웃고 있는 그대이기에
그대를 사랑해
빨리 움직이는 보트에서 위험하다는 나팔의 경고 소리를 들을 사람이 없고
원망하는 말도 애원하는 말도
나를 멈추게 하지 않아
나 자신도 그대도 사랑에 스러져버릴 거야
(그대를 사랑하기 때문에)

어여쁜 두 눈 (1906년)

페요 야보로프

어여쁜 두 눈. 아이의 마음
어여쁜 두 눈에 담긴 음악과 빛.
원하지 않고 약속하지도 않는…

나의 영혼이 기도하네,
아이야,
나의 영혼이 기도하네!

열망과 비애가
눈 너머로 언젠가 던질 거야
수치와 죄악의 장막을.

수치와 죄악의 장막을
눈 너머로 던지지 않을 거야
열망과 비애가.

나의 영혼이 기도하네,
아이야,

나의 영혼이 기도하네…

원하지 않고 약속하지도 않아!
어여쁜 두 눈에 담긴 음악과 빛.
어여쁜 두 눈. 아이의 마음.

〈당신에게〉 중에서 (1906년)

딤초 데벨랴노프

산딸기향이 나는 당신의 입술,
오월에 핀 꽃의 달콤한 향기.
당신의 입술에서 사랑의 산딸기를 따게 될 이는
참 복 많은 사람이로구나!

반짝이는 이슬이 맺힌
이른 봄의 꽃 같은 당신의 얼굴.
아! 밤 속에 당신의 곱슬 머리카락이
감싸안을 행복한 이가 누구일까…

널 그대로 기억하고 싶어 (1913년)

딤쵸 데벨랴노프

널 그대로 기억하고 싶어 -
집 없고, 희망 없고 외롭고,
내 손엔 너의 뜨거운 손을 얽히고
내 심장 옆엔 슬픈 얼굴이 기대는 너의 모습.
저 멀리 탁한 연기 속에서 도시가 흔들리고,
언덕 위에 우리를 감싸는 나무도 흔들리고
우리의 사랑은 더욱더 거룩해지는 듯
우리는 이별해야 하니.

"새벽에 나는 떠나, 너는 새벽에 와줘,
그리고 나에게 너의 고별의 눈빛을 줘,
슬픈 고별을 상기시키기 위해
그 시간에, 그녀가 정복할 때!"
- 오, Morna, Morna, 폭풍에 부러진 무성한 초목
기도를 하지 말고, 믿어라 - 우리의 봄을
우리의 봄이 꿈꾸다가 갑자기 깬 꿈이 되지 않을 것을
그리고 너는 나에게로 다시 돌아 올 거야!

무섭고도 무서운 밤이 우리를 감싸고
어둠 속의 박쥐 망을 끌어
너의 나약함이 마지막 위로를 기다리지만
나의 믿음을 나 자신까지도 신뢰하지 못한다.
너는 불처럼 따뜻한 너의 손을 내놓아
어둠 속을 뚫어지게 보며 떠난다
울 힘도 안 남은 채로.
널 그대로 기억하고 싶어.

낙엽 (1919년)

흐리스토 스미르넨스키

1.
당신이 꿈에 빠져 있고, 당신 자신도 꿈이기에
나무 벤치에서 나를 기다리고 있다.
주위엔 슬픈 낙엽들이 지고 있기에
머리 위에 기우는 나뭇가지가 당신을 보호해 주는 듯하다.

당신의 눈 속엔 고요한 날의 빛이 반짝이고
루비를 머금은 입술에는 노래가 울려 퍼지며
파란 눈빛 황홀 감에 넋을 잃고
바보 같은 꿈 속에서 나는 당신 앞에 멈춘다.

열정적인 눈과 떨리는 손으로
나는 조용히, 천천히 그리고 수줍게 다가가서
꽃들을 - 나의 마음의 하얀색 꽃들을
조용히 당신의 발 앞에 놓겠다.

2.

모든 여자들 사이에서
오직 당신만이
내 마음을 사로잡았다.

모든 여성들 사이에서
내 마음을 사로잡은 당신,
오직 당신만이

작은 꽃
시인의 꿈처럼
당신이 내 앞에 나타났다.

내 마음 속에
당신의 신비로운 눈의 빛이
이글거리며 깜박인다.

내 영혼 속에서
가을 한복판에
당신을 위한 꽃이 핀다.

그 꽃들은 당신을 위한 것이요
당신을 위한 것이다, 아이야,
와서 꽃들을 따 다오.

그리고 그 꽃들을
부끄럼도 죄도 없이
다른 이에게 선물해다오.

나의 아내에게 (1942년)

니콜라 바프짜로브

때때로 나는 당신의 잠 속으로 들어 갈 것이오
초대받지 않은 말없는 손님처럼
나를 길밖에 내버려두지 마시오
문을 잠그지 마시오

소리 없이 들어가 조용히 앉을 것이오
당신을 보기 위해 어둠 속을 쳐다볼 것이오
만족 할 만큼 당신을 보고 나서
당신에게 키스하고 떠날 것이오

사랑 (연대 미상)

무야카 빈 하지

사랑은 매혹적인 것, 과도하면 파멸에 이르네,
사랑은 책임이 따르네, 무겁게 짓누르지,
사랑은 얼빠지게 하네, 어떤 단점도 못 보게 되지,
사랑은 저주도, 비방도 두려워하지 않네.

나의 작은 배 (연대 미상)

무야카 빈 하지

나는 작은 배를 좋아했네, 나의 첫 작은 배,
비록 불안하게 흔들거렸지만, 풍파에 굴복하지 않았네,
그러나 칠흑 같은 밤, 응고조아에서 침몰했지,
바로 오늘 그 배를 생각하면, 혼란스럽고 망연자실하네.

나의 작은 배, 그 배를 물에 띄웠을 때,
쾌활한 그 배는 나를 흥겹게 했네,
그 배로 거친 바다를 건너도, 파도에 휩쓸리지 않았지,
바로 오늘 그 배를 생각하면, 혼란스럽고 망연자실하네.

그녀에게 가서 말해주오 (연대 미상)

무야카 빈 하지

그녀에게 가서 말해주오, 내가 그녀를 어떻게 생각하는지,
가는 도중에 쉬지 마오, 지름길로 질러가오,
내 마음의 사랑을 그녀에게 알려주오,
고통으로 가득 찬 내 마음, 당신만이 구해줄 수 있소.

아미나 (1966년)

샤반 로버트

아미나, 당신은 떠났구려, 죽음이 먼저 왔소,
꽃이 활짝 핀 후 지는 것처럼,
당신이 빛과 함께 하고, 천국으로 가기를 바라오,
우리가 맺은 사랑은 누구도 끊을 수 없소.

당신이 다시 일어나길 기도했소,
당신의 굴복을 원치 않았지만, 병마는 당신을 데려갔지,
그러나 은총으로, 하나님은 당신을 선택한 것이오,
우리가 맺은 사랑은 누구도 끊을 수 없소.

당신을 기억할 때마다 슬픔은 말할 수 없소,
이런저런 추억을 생각하면, 모든 것이 꿈만 같고,
죽음이 이 세상의 끝이라 믿지 않소,
우리가 맺은 사랑은 누구도 끊을 수 없소.

영혼은 부패하거나 사라지지 않는다고 믿고,
죽음이 닥치면 우리는 구원을 추구할 뿐이오,
내 사랑 당신은 천국으로 갈 것이오,
우리가 맺은 사랑은 누구도 끊을 수 없소.

내가 기억하고, 분명히 아는 바는,
이제 당신이 근심 없는 곳에 안착했다는 것이오,
그것이 뒤에 남겨진 나에게 위안이라오,
우리가 맺은 사랑은 누구도 끊을 수 없소.

당신을 위한 기도로 이 시를 마치려 하오,
먼지가 다시 모이면, 당신의 영혼이 돌아오겠지,
죽음이 우리를 떼어 놓아도, 사랑은 다시 회복되는 법,
우리가 맺은 사랑은 누구도 끊을 수 없소.

III

동양어권 1

곁에 있는

스물여덟 언어의 사랑시

당신이 아니더면 (1926년)

한용운

당신이 아니더면 포시럽고 매끄럽던 얼굴이 왜 주름살이
잡혀요.
당신이 그립지만 않다면 언제까지라도 나는 늙지 아니할 테여요.
맨 첨에 당신에게 안기던 그때대로 있을 테여요.

그러나 늙고 병들고 죽기까지라도 당신 때문이라면 나는
싫지 않아요.
나에게 생명을 주든지 죽음을 주든지 당신의 뜻대로만 하셔요.
나는 곧 당신이어요.

먼 후일 (1922년)

김소월

먼훗날 당신이 차즈시면
그때에 내말이 "니젓노라"

당신이 속으로나무리면
"무척 그리다가 니젓노라"

그래도 당신이 나무리면
"밋기지안아서 니젓노라"

오늘도어제도 아니닛고
먼훗날 그때에 "니젓노라"

호수 (1930년)

정지용

얼굴 하나야
손바닥 둘로
폭 가리지만

보고 싶은 마음
호수만 하니
눈 감을 밖에

내 마음을 아실 이 (1931년)

김영랑

내 마음을 아실 이
내 혼자 마음 날 같이 아실 이
그래도 어데나 계실 것이면

내 마음에 때때로 어리우는 티끌과
속임없는 눈물의 간곡한 방울방울
푸른 밤 고이 맺는 이슬 같은 보람을
보밴 듯 감추었다 내어드리지.

아! 그립다
내 혼자 마음 날 같이 아실 이
꿈에나 아득히 보이는가.

향맑은 옥돌에 불이 달어
사랑은 타기도 하오련만
불빛에 연긴 듯 희미론 마음은
사랑도 모르리 내 혼자 마음은.

생시에 못 뵈올 님을 (1924년)

변영로

나직하고, 그윽하게 부르는 소리 있어
나아가 보니, 아, 나아가 보니……

이제는 젖빛 구름도 꽃의 입김도 자취 없고
다만 비둘기 발목만 붉히는 은(銀)실 같은 봄비만이
노래도 없이 근심같이 내리노나!
아, 안 올 사람 기다리는 나의 마음!

생시에 못 뵈올 임을 꿈에나 뵐까 하여
꿈 가는 푸른 고개 넘기는 넘었으나

꿈조차 흔들리우고 흔들리어
그립던 그대 가까울 듯 멀어라.

아, 미끄럽지 않은 곳에 미끄러져
그대와 나 사이엔 만 리가 격했어라.
다시 못 뵈올 그대의 고운 얼굴
사라지는 옛 꿈보다도 희미하여라.

내 애인이여 가까이 오렴 (1935년)

오일도

내 애인이여! 좀더 가까이 오렴
지금은 애수의 가을, 가을도 이미 깊었나니.

검은 밤 무너진 옛 성 너머로
우수수 북성 바람이 우리를 덮어온다.

〈중략〉

잎사귀 같은 우리 인생 한번 바람이 흩어지면
어느 강산 또 언제 만나리오.

좀더 가까이 좀더 가까이 오렴
한 발자치 그대를 두고도 내 마음 먼 듯해 미치겠노라.

〈중략〉

네 팔이 내 목을 안아라.
우리는 두 청춘, 청춘아! 제발 길어다오.

채련곡(採蓮曲) (1500년대)

허난설헌

秋淨長湖碧玉流(추정장호벽옥류)
해맑은 가을 호수 옥처럼 새파란데
蓮花沈處繫蘭舟(연화심처계란주)
연꽃 우거진 곳에 난주배를 매었네
逢郞隔水投蓮子(봉랑격수투련자)
물 건너 님을 만나 연밥 따서 주고는
或被人知半日羞(혹피인지반일수)
혹시나 남이 봤을까 반나절이 부끄러웠죠

협구소견(峽口所見) (1700년대)

신광수

青裙女出木花田(청군여출목화전)
푸른 치마 여인 목화밭에 나왔다가
見客回身立路邊(견객회신입로변)
길손 보고 몸을 돌려 길가에 서 있네
白犬遠隨黃犬去(백견원수황견거)
흰둥개가 누렁이를 멀리 따라 가더니만
雙還更走主人前(쌍환갱주주인전)
짝을 이루어 다시 주인 앞에 달려온다

상사몽(想思夢) (1500년대 초중반)

황진이

相思相見只憑夢(상사상견지빙몽)
그리워라, 우리 만날 길은 꿈길밖에 없는데
儂訪歡時歡訪儂(농방환시환방농)
내가 님 찾아 떠났을 때 님은 나를 찾아왔네
願使遙遙他夜夢(원사요요타야몽)
바라건대 어느 다른 날 밤 꿈에는
一時同作路中逢(일시동작로중봉)
같이 떠나 오가는 길 도중에서 만나기를

우연 (1926년)

쉬즈모

나는 하늘의 조각구름,
우연히 일렁이는 당신 마음에 그림자를 드리웠네.

그대 놀라지 말고,
기뻐하지도 말아요.
순식간에 자취를 감출 거니까

당신과 난 검은 밤 바다에서 만났소.
당신은 당신,
나는 내가 갈 방향이 있다오.

당신이 기억해줘도 좋지만
잊어버리는 게 더 나아요.
우리 만날 때 서로 비춰주던 빛을!

날 버리지 말아요 (1932년)

린후이인

밝은 달도 같고
산 너머 등불도 같아요
하늘엔 온통 별들
사람만이 보이질 않네요

꿈처럼 걸려 있는데
당신이 물으신다면
검은 밤이 대답할거에요

당신이 믿어야 할
그 한 마디 말은
산골짜기에 늘 남아있다는 것을
거기 메아리(후이인)가

그대 오래 오래 살기를 (1072년)

쑤똥뽀

밝은 달빛은 언제 나오시려나
술 잔 들고 하늘에 물어 보노라
저 하늘의 달 속 궁궐에서는
이 저녁이 그 언제 일런가

바람타고 돌아가고 싶지만
호사스런 달나라 옥 궁궐 두렵고
그 높은 곳 찬바람 견딜 수 없으리라

일어나 밝은 달그림자와 춤추며 노는 데
마치 인간 세상이 아닌 듯
달빛은 주각을 휘돌고
비단 창에 내려 앉아
잠 못 들어 하누나.

감히 한을 품을 수 있으리오만
어이 이별한 날은 꼭 보름달 이었던가
인간에겐 슬픔과 기쁨, 만남과 이별이 있고,

달은 어둡고 밝고, 둥글고 모자람이 있는 것.

세상만사 예나 지금이나 원래 그러한 즉,
오로지 바라기를 그대 오래 오래 살아
천리 먼 곳 이 고운 달빛을 함께 보고저.

기층 (1958년)

짱쭈오

한 웅큼 물로 나의 목마름을 해갈할 수 있고
한 모금 술로 나를 취하게 할 수 있고
한 덩어리 온기로 나의 몸을 따뜻하게 할 수 있다.
그러나 당신의 이런 호의와 온정을 감당할 힘이 있을까?

나 온몸으로 전율한다. 당신 손이 내 손을 가벼이 잡고 있을 때,
나 흐느껴 울지 않을 수 없다. 당신 눈물이 내 팔뚝에 떨어질 때,
당신 이렇게 내 손 잡고 긴 인생길을 갈 수 있겠소?
당신 이렇게 내 손 잡고 멸시하는 사람들을 헤쳐 나갈 수 있겠소?

더블베드 (1960년)

위꽝쭝

전쟁은 더블베드 밖에서 일어나게 하오
당신의 길고 비스듬한 사선위에 누워 있다오
총알이 마치 반딧불처럼 쌩쌩
나와 당신의 정수리를
내 수염과 당신 머리칼을 뚫고 가오

정변과 혁명을 사방에서 외치게 하오
적어도 사랑은 우리 편
해 뜨기 전까지 우린 안전 하다오
더 이상에 어디에도 모든 것을 기댈 수 없을 때
당신의 탄력적인 비스듬한 사선에 기대어
오늘 밤 산사태나 지진이 일어난다 해도
기껏 당신의 낮은 분지에 걸려 넘어지면 될 뿐

깃발과 구리나팔을 고원위에 치켜들게 하오
육등신 리듬은 적어도 우리 것이고
해 뜨기 전까지 당신은 완전히 나의 것이니
매끄럽고도 부드러움으로 뜨겁게 녹여버리리다

순진하고도 집요하게
광란의 밤과 죽음의 검은 경계에서
둘러싼 위벽을 끊임없이 천여 차례 발동시키면
우리는 소라주름을 돌아 급강하하여 천국에 다다르니
당신 팔다리의 아름다운 소용돌이 속으로 빨려들어 가누나

『만엽집(萬葉集)』 중에서 (8세기 중)

작자 미상

가을 싸리 꽃 만발한 들녘 갈대 이삭 안보이듯
내 사랑 계속되네 숨겨둔 연인이여

『고금와카집(古今和歌集)』 중에서 (10세기 초)

오노노 코마치

가을날 밤도 이름뿐인 것이네 만났긴 해도
할 말도 다 못한 채 날이 새고만 것을

첫사랑 『새싹집(若菜集)』 중에서 (1887년)

시마자키 도손

이제 갓 올린 앞머리
능금나무 아래 보였을 때
앞머리에 꽂은 꽃 비녀
꽃다운 그대라 생각했네

상냥하게 하얀 손 내밀어
능금을 내게 준 것은
연분홍 가을 열매에
사랑을 알게 된 처음이라네

내 무심한 한숨이
그 머리카락에 닿을 때
즐거운 사랑의 잔을
그대 온정에 마셨도다

능금나무 밭 나무 아래
저절로 난 오솔길은
누가 밟기 시작한 흔적이냐고
물으시는 것조차 그리워라

『헝클어진 머리(みだれ髮)』 중에서 (1901년)

요사노 아키코

젖 가슴 감싸 안고 신비의 장막 살짝 차네
여기 피어 있는 진홍빛 꽃 같아라

꿈인지 생시인지
『시로 쓴 일기(うた日記)』 중에서 (1905년)

모리 오가이

저녁 바람에 흔들려
전선 울리네
안개 속
모르는 사이에 창밖은
어느새 어둠이 깔렸네

보이는 건 그저 잿빛

꿈인지 혹은 생시인지
내 사는 집은
도쿄의 북쪽
보이는 창밖
단풍 이제사 흩날린다
안개로 안보인다 빨강

그런데 뒤에서,
내 손자야 홀로
잠자코 가만히
무얼 생각하니 라고
물으시는 자애로운 어머님목소리
마음 저리게 울린다

혹은 발소리 울리며
복도를 따라
귀여운 내 아들이
외국 말을
물으러 책 들고
서둘러 달려온다

꿈인지 생시인지
사람 인기척에
돌아다보니
총 든 병사
절도 있게 거수경례하며
각하! 오늘의 정보.

– 메이지(明治) 37(1904)년 10월 3일, 라오양(遼陽)에서.

간절한 생각을 알리 『학(鶴)』 중에서(1928년)

무로 사이세이

나는 얼어붙은 얼음을 사랑한다.
그런 간절한 생각을 사랑한다.
나는 그 무지개처럼 빛나는 것을 보았네.
그런 꽃이 아닌 꽃을 사랑한다.
나는 얼음 속에 있는 것에 동감한다,
그 검과 같은 것 속에 있는 열정을 느낀다,
나는 늘 협소한 인생을 살았노라,
그 인생의 황량함 속에 신음했노라,
그러기에 얼어붙은 얼음을 사랑한다.

IV
동양어권 2

곁에 있는

스물여덟 언어의 사랑시

정원 (1943년)

하이릴 안와르

우리 둘만의 이 정원
넓지 않고 작아요
이 안에서는 우리 서로 함께 할 수 있어요.
우리 둘만의 보금자리
형형색색의 꽃이 없고
잔디의 감촉도 양탄자만은 못하지만
살며시 밟으면 부드러워요.

그것은 문제가 아니에요
왜냐고요
우리 둘만의 정원에서
당신이 꽃이라면 나는 벌이고요
내가 벌이라면 당신이 꽃이 되니까요.

우리의 작은 정원에는 햇살이 따사롭지요
속세를 등진 우리들의 보금자리니까요

언어와 조국 (1921년)

무하맏 야민

우리 어렸을 적에
아가는 엄마 품에 잠들고
엄마는 노래를 들려주셨지
엄마는 아가를 시나브로 어르시고
밤낮으로 사랑 실으니
요람은 바로 조상의 땅에 있네.

이 땅에서 나 우리말 하고
이리저리 형제와 엉키어
이 땅의 찬란한 문화유산과
희로애락 함께 하며
통일된 마음으로 함께 나가세
우리의 멋들어진 말을 통하여.

기쁨에 겨워 울음을 터뜨리고
기쁨 후에 재앙도 따르지만
우리가 숨 쉬어 생명을 연장하듯
말과 더불어 삶을 연장하네.

수마트라 있는 곳에 내 민족 있고
또한 그곳에 우리말 있네.

사람들이 그녀를 기만했네 (20세기)

아흐마드 샤우끼

사람들이 그녀더러 미인이라고 기만했네
  무릇 찬사는 미인을 자만에 빠지게 하는 법
숱한 이름들이 그녀와 사랑에 빠지더니
  그녀가 내 이름을 잊었네
그녀가 나를 보더니 고개를 외로 꼰다
  마치 그녀와 나 사이에 아무 일도 없다는 듯이
마주친 눈빛과 미소와 인사
  그리고 주고받은 말과 약속과 만남은 무엇이었나
치유의 약이 되는 이별이 있고
  병이 되고야 마는 이별도 있다
우리가 서로 사랑을 바치던 날
  그 날이 언제였던가 묻지 말라
우리의 순결을 지켜야 하는데
  난 욕망과 싸우느라 지쳐버렸다
지팡이가 내 옷을 잡아당기면서 말했다
  시인이여, 그대들도 인간이라
그러니 처녀들의 마음을 만드신 알라를 경외하라
  처녀들은 마음이 바람이니라

그녀에게 (20세기)

이브라힘 나지

내가 쌓아둔 지난 날이여
　죽음이 내려 앉은 구덩이로구나
내가 수의를 입혀준 시여
　앞으론 시를 쓰지 않겠다 맹세했노라
내가 찢어버린 심장이여
　너의 시대는 이제 끝났다 외쳤노라
하지만 진정 너희는 아무도 죽지 않았다
　절망하여 누워있을 뿐, 단지 그 뿐
아, 너희 가운데 하나가 몸을 일으켜
　그녀에게 나아갈 소박한 전달자가 되어준다면
아, 누가 그녀에게 알려주려는가
　다 잊었으나 그녀의 둥지만은 잊지 못하는 새가 여기 있다
는 것을

사랑아 (20세기)

아부 알까심 알샤비

사랑아, 너는 내가 부스러지고 걱정하며
　두려워하고 시련을 겪는 은밀한 이유이다
너로 인해 나는 쇠약해지고 눈물을 흘리며 아파하고
　야위고 신음하며 고통을 맛본다
사랑아, 너는 나의 존재와 삶
　그리고 위신과 자존의 근원이다
너는 암울한 세월을 밝히는 빛이며
　벗이자 기쁨이며 소망이다
심장의 정수(精髓)야, 마음의 독약아
　인생의 시련아, 안락한 생활아
너는 고요한 초원을 들쑤시는 거대한 불덩이더냐?
　아니면 하늘을 밝히는 광명이더냐?
사랑아, 너로 인해 슬픔을 여러 잔 들이켜고
　나의 욕망을 이루지 못했나니
사랑아, 제발 나에게 자비를 베풀어 다오
　나의 아픔을 어루만져 다오
알고 싶구나, 사랑아
　너는 어둠의 자식이냐, 빛의 자식이냐?

만약에 (20세기)

일리야 아부 마디

그대여, 만약에 내가 높이 뜬 보름달이라면
  그대의 방으로 내려가련만
그대의 새하얀 목에 목걸이가 되고
  그대의 손가락에 반지가 되련만
낙원의 나이팅게일이 되어 노래를 부를 수 있다면 얼마나 달콤할까
  그대가 듣지 못하더라도 나는 좋아
만약에 내가 그대의 깊은 향기라면
  그대 없이 나 홀로 낙원을 떠나지 않으련만
나를 보듬어 줄 곳은 오직 그대의 집뿐
  나는 그대와 함께라야 비로소 향기를 뿜을 수 있다오
그대와 장미 안에 어릴 적 비밀이 숨어 있고
  우리의 어린 시절에 내밀한 사랑과 아름다움이 깃들어 있소
그대가 창백한 침묵을 보이면
  나는 그 순간이 사라질까 걱정한다오
나는 마치 도둑처럼 그림자 사이로 숨어드는
  죽음의 유령을 보았소
내 눈 앞 땅바닥에 떨어진

아직 새파란 잎새 안에 엎드려 있더이다
내가 본 소망과 꿈의 유령들은 누구의 꿈이런가?
그대를 연모해 사랑병에 걸린 자의 꿈이라오

웃음과 장난 사이로 (20세기)

일리야 아부 마디

사랑하는 이에게 장미 한 송이를 주었다.
나는 그녀를 가슴에 간직해두었는데
그녀는 촉촉한 아남꽃 같은 손가락으로
이파리들을 흩뿌렸다
사랑에 빠진 사람에게 심장이 잘 있느냐고 묻지 말라
그의 심장은 진작에 웃음과 장난 사이로 사라졌나니

* *

장미꽃이 불타는 뺨처럼 발갛지 않았더라면
나는 그것을 꺾지 않았을 게다
그녀가 자신의 마음을 의심하지 않았더라면
이파리들을 뜯어내지 않았을 게다!

<쿤창쿤팬> 중에서 (1872년)

라마 2세

오 나의 사랑 완텅아
나는 너의 모든 것을 기억하고 있거늘
오 마음이여 어찌 이리 변하는지
손으로 만지면서도 여전히 믿을 수가 없구나
키 작은 꼭두서니 덤불에 함께 몸을 숨긴 나날을
토란잎을 꺾어 물을 뜨던 목화밭을 잊었느냐
빈랑을 씹다가도 네가 원하면 뱉어 주었고
네게 팔베개를 해 주던 왼 팔은 움푹 파였거늘 (1872 완간)

〈프라아파이마니〉 중에서 (1845년)

쑨턴푸

땅이 꺼지고 하늘과 대양이 사라진대도
나의 사랑은 그칠 줄 모르네
이 세상에 다시 태어난다 해도
흔들림 없이 이 사랑을 만나리
그대가 광활한 바다라면
나는 물고기가 되어 찾아가리
그대가 연꽃이라면 나는 벌이 되어
황금연꽃을 가만히 어루만지리
그대가 아름다운 동굴이라면 봉황이 되어
날아 들어가 짝을 이루리
아름답게 빛나는 그대를 쫓아가
다음 생에도 그 다음 생에도 사랑의 반려자로 살겠네 (1845)

〈이나오〉 중에서 (1874년)

라마 2세

오 가여운 사랑이여
마치 흐르는 물과 같구나
굽이쳐 흘러가 버리고는
되돌아오는 것이 어디 있더냐
이 세상 어느 여인이 나와 같을까
이 내 가슴의 한과 같은 이 없으리
지나친 사랑의 열망은
얼굴에 고통만이 가득하게 할 뿐이로다
오오 애처롭고도 애달프다
그 혀를 믿고 사랑에 빠져 마음에 상처만 남았구나
그 사악한 이름을 널리 알리려마는
내 잘못 생각으로 화를 자초하였으니 뉘를 탓하리오

〈싸꾼따라〉 중에서 (1912년)

라마 6세

희고 고운 살결은
겹겹의 자스민 꽃이 검게 보일 정도며
두 눈동자는 사자보다도 아름답구나
오 이 여인은 실로 세상의 최고로다
아름다운 입술은 여린 잎과 같고
아름다운 손은 마치 그림 같으니
천상의 어느 누구보다도 아름다우며
활짝 핀 꽃보다도 수려하도다 (1912)

<리릿프라러> 중에서 (연대 미상)

작가 미상

꽃봉오리 열려 활짝 펼쳐지니
바라보며 다가가 마침내 맞닿아
여인의 연못으로 들어가네
벌이 이리저리 쓰다듬고 비비며
연꽃 가운데를 희롱하니
유혹의 소리로 화답하네
천상의 연못에서 목욕하는 것을
살결 고운 여인의 연못에서 목욕하는 것에 비할소냐
마음껏 몸을 적시네
그대의 연못 안에서 즐기니
물고기도 좋아서 펄떡이고
연꽃은 활짝 피어나네
그대의 연못가 너무도 아름다워
티끌 하나 없이 깨끗하고
둔덕이 솟아 있네 (연도 미상)

산호덩굴꽃 빛깔 (1937년)

T.T.Kh

지난 가을 노을이 질 때마다
떨어진 꽃잎을 주워도 슬프지 않더라,
머릿결이 노을빛으로 물들어가고,
사랑과 함께 올 그대를 기다렸다네.

그대는 늘 차갑게 바라보았네
노을이 가득한 그 길디긴 길을
그리고 안개와 모래 속에 희미해진 멀디먼 하늘을,
손으로 하얀 꽃 줄기를 꺾고 슬퍼하였네.

그대는 나의 머리를 자주 쓰다듬어 주었네,
내가 기뻐할 때 긴 한숨을 쉬었고,
"꽃, 깨어진 심장과 같이,
우리의 사랑도 그렇게 깨어질까 두렵다!" 하네

그 때는 내가 너무 몰랐었다네
이별에 산산히 흩어진 꽃잎을,
웃으며 대답하였네 "하얀 꽃은

조금도 변하지 않을 순수한 마음이라고”

한 번 떠나가면 이루어질 수 없음을 어찌 알았을까
아픔이 있는 하늘 아래서 사랑이 죽은 줄 몰랐네.
그대는 너무 멀리 떠났네! - 나는 너무나 슬펐다네,
폭죽이 길을 물들인 즐거운 어느 날…

그 때부터 가을, 가을 또 가을이라네,
내 마음은 언제까지 차가울까
내 남편도 내가 그리워함을 여전히 알고있네…
그대를, 그래서 여전히 내가 냉담한 것을.

나는 삶의 옆에서 여전히 걸어가네
남편의 차가워진 사랑 옆에서,
가을마다 죽고 가을 마다 죽었다네,
여전히 “한 사람”의 그림자를 마음에 숨기고.

아 애닯다! 오늘 소설을 읽었네
누구나 옛날의 그 꽃잎을 비교하네
깨어진 심장과 같은 분홍빛을.
그리고 진한 피처럼 빨갛다고!

그대가 나에게 했던 말을 기억하네
머나먼 옛 가을날에…

이제 내가 이해했으나,
이미 옛 인연을 놓쳤네!

나는 흐릿한 가을 오후가 두렵다네,
가을 오후, 가을 오후에 떨어진 빨간 꽃
차가운 바람이 불어오고 구름이 고요한,
그대가 강을 건너려 나룻배를 기다리고 있네.

내가 시집 간 것을 알게 되면,
아아! 그대가 슬퍼하겠는가?
흩어져버린 꽃을 떠올리겠는가?
바래진 심장, 분홍 피 같은

말해야만 합니다 『Thơ Thơ(時時)』중에서 (1938년)

쑤언 지에우

간절히 사랑합니다. 그래도 여전히 아직 부족한가요?
내가 욕심이 많아, 너무 많이 요구합니다.
나는 이미 알고 있습니다. 당신이 나를 사랑한다고 말한 것을,
왜 여전히 그 말을 되풀이하기 원할까요?

간절히 사랑합니다. 그래도 여전히 아직 부족합니다.
당신이 사랑을 단지 마음 속에만 두고;
나타내지 아니하면, 사랑 역시 없는 것입니다,
그리고 아름다움은 단지 대리석으로 만든 것일 뿐입니다.

나는 더욱 무한하고 절대적인 것을 원합니다.
당신은 아시나요? 내가 끊임없이 당신을 찾고 있는 것을,
오늘의 진실이, 내일엔 이미 진실이 아니라면,
사랑 또한 옛 것이 되어 버리지 않을까요?

간절히 사랑합니다. 그래도 여전히 아직 부족합니다.
말해야 합니다. 사랑을. 백 번, 천 번이라도,
영원한 봄밤을 위해서 뜨겁게 사랑해야 합니다.

새와 나비는 사랑의 정원에 놓아두셔요.
말해야 합니다. 말해야 합니다. 그리고 또 말해야만 합니다.
눈썹과 눈빛에 어린 말로,
취한 오후에 즐거운 자태로, 수줍은 모습으로,
머리를 기대고, 미소를 머금고, 손을 잡고
고요함으로, 당신은 어찌할지 아시나요!
진정 당신은 겨울처럼 차지 마셔요.
마음이 불타는 이에게 태연하지 마셔요.
잠자는 호수의 얼굴처럼 잔잔하지 마셔요.

간절히 사랑합니다. 그래도 여전히 아직 부족합니다.

相思 (1939년)

응웬 빙

西村이 東村을 그리워하며 앉았듯,
열에 아홉의 간절함으로 한 사람이 한 사람을 그리워합니다.
비와 바람은 하늘의 병,
相思는 그대를 그리는 나의 병입니다.
두 村은 한 마을에 모였는데,
왜 그쪽은 이쪽으로 오지 않나요?
날이 가고 날이 또 날을 보내고,
푸르던 잎이 황금빛으로 물들었습니다.
발 묶인 나룻배를 탓하는데,
건너오지 못함은 건너올 길이 없으니 당연합니다.
허나 정자 하나만큼의 거리일 뿐,
그 거리만큼 마음이 멀어서겠지요...
相思로 몇 날밤을 지새웠는지,
누구에게 말하고, 말해줄 이 누가 있을까요!

언제쯤 나루터가 나룻배를 만나,
규중 꽃 강호 나비가 서로 만날까요?
그대의 집엔 쩌우가 한 덩굴,
나의 집엔 까우가 일렬로 서 있습니다.
西村은 東村을 그리워하는데,
西村의 까우는 어느 촌의 쩌우를 그리워하는 걸까요?

흰 옷 (1941년)

휘 껀

(녓 링에게 바침)

순박한 흰 옷, 맑고 하얀 꿈,
예전에 맑고 투명한 눈과 마음으로 네가 오니
빛이 활짝 피어난다. 네가 가는 곳은
아름다운 발걸음 그 향기가 쌓이고, 걸음걸음마다 장밋빛이
퍼진다.

호리호리한 손가락을 가진 너는 손이 아름답고
둥근 빛을 발하는 두 뺨을 가진 너는 우아하다.
너는 머리카락 안으로 푸른 바람이 불게하고
내 방까지 불어 산봉우리를 밀고 온다.

너는 말하고, 나는 너의 말과 소리에 귀를 기울인다.
너의 영혼이 나를 세상에서 숨 쉬게 한다.
로맨틱한 햇살은 옷자락에 빛을 수놓으며,
작은 잎사귀는 기뻐서 바깥문에서 휘날린다.

하루 종일 너와 나는 한 쌍의 신선.
너는 손 가득히 행복을 건넨다.
시내처럼 맑고 흰 옷은 우아하게
두 영혼에 꿈의 날개를 달아준 듯 아름답게 펄럭인다.

해변 (1962년)

쑤언 지에우

나는 푸른 바다라 할 수 없다
그러나 나는 네가 해변의 하얀 모래였으면 한다
길고 부드러운 모래 해변
크리스탈처럼 반짝이는 별 아래

아름다운 황금빛 해변을 따라
소나무가 줄지어 뻗어있고
조용히 꿈을 꾸듯
수천년 동안 파도는 이어졌다

나를 푸른 파도가 되게 해다오
너의 모래에 끝없이 입 맞출 수 있게
실로 부드럽고 실로 고요하게
나의 부드러운 입맞춤은 끝이 없으리

입맞추고 다시 입맞추고
이 세상 다하면
천지가 멸하면

그제야 비로소 넘실거림을 멈춘다

때때로 무섭게 돌진할 것이다
너의 해변을 부셔버릴 만큼
내 사랑이 만조가 될 때
밤낮으로 잠길 만큼

나는 푸른 바다가 될 자격이 없다
그러나 나를 푸른 바다가 되게 해다오
여울에서 끝없이 노래 하리
변치 않는 단 하나의 사랑에 대해

흰 파도 거품이 깨끗해 지도록
수평선으로 바람이 퍼진다
수 천년 동안 이어온 입맞춤도 만족스럽지 않아
그대를 너무 사랑하기 때문에, 그대여!

『아마루샤따까』 중에서 (7세기 또는 8세기)

아마루

한 침상에서 등 돌리고 서로 말하지 않네
속으로 애타기도 하도 풀어줄 마음도 있네
그러나 서로 자존심을 지키려 하네
남편과 아내가 슬금슬금 곁눈질하다 시선이 마주치네.
둘은 웃음보를 터트리며 홱 돌아 포옹하네.
자존심 싸움은 이렇게 끝나 버렸네.

『쪼우르빤짜쉬까』 〈도둑의 50송〉 중에서 (11세기)

빌하나

오늘도
어린 사슴의 눈과
감로(甘露) 가득한 잔 같은 두 젖무덤을 가진
사랑하는 그녀를
내가 만약 한 날의 끝에 다시 본다면
천국의 희열과 왕권의 희락도 포기하겠네.

『사뜨사이』(Satasai)에서 도하(2행시) 2수 (17세기)

비하리

여기서 저기, 저기서 여기 한 순간도 어딘가 머물지 못하네.
한 순간도 쉼이 없네. 바람개비 되어 다시 왔다 다시 가네

하늘을 나는 연인의 연을 보고, 여인이 안마당에서
미치듯이 내달려 도네, 아름다운 그림자를 만지며.

<까빗뜨(Kabitta)>중에서 (17세기 또는 18세기)

가나난드

그대와 함께 할 그 때 아름다움을 마시며 살았네,
그대가 떠나간 이제 생각하니 눈이 불 나네.
그 때는 사랑의 양식으로 생명이 충만하게 커갔네,
이제는 이별의 슬픔과 고통으로 고뇌하네
가나난드는 사랑하는 수잔의 부재로
기쁨의 근원이 모두 사라졌다고 말하네
그 때는 그대 가슴에 목걸이가 산처럼 느껴졌었네,
이제는 우리 둘 얼굴 사이에 산이 가로 놓여 있네

재스민 꽃봉오리 (1916년)

니랄라

외딴 숲 속 덩굴나무 위에
잠들어 있었어요, 행복에 가득 차서---사랑의 꿈에 빠진
말갛고 부드럽고 가냘픈 젊은 그녀---재스민 꽃봉오리는
두 눈을 감고 편안하게,--- 잎의 품에
봄밤이었어요,
연인과 이별해
어떤 먼 나라에 있었지요, 바람은.
그것은 남풍이라고 불리었지요.

생각났지요, 이별로 만남의 그 감미로웠던 일이,
생각났지요, 달빛으로 씻긴 깊은 밤이,
생각났지요, 전율하는 연인의 아름다운 몸이.
더 이상 무엇을, 바람은
꽃 숲-못-강 삼림-산맥-정글
작은 숲-빽빽한 덩굴나무 숲을 건너서
도달했지요, 그가 유희하던 그 곳에,
활짝 핀 봉오리와 함께!

잠들어 있었지요,
어떻게 알 수 있었을지 말해보세요,
그녀가 사랑하는 이가 왔음을
주인공은 입맞추었지요, 볼에.
흔들렸지요, 덩굴나무 가지는 마치 그네처럼.
그래도 깨지 않았지요,
잘못을 용서 구하지도 않았어요,
잠에 취한 둥글고 큰 눈을 그냥 감고 있었지요--
혹은 취해 있었을까요, 젊음의 술을 마시고
누가 말할 수 있겠어요?

무자비한 그 주인공은
아주 잔인하게 굴었지요,
거센 바람으로 계속 내리치며
아름답고 부드러운 몸을 온통 흔들어댔지요,
짓뭉갰지요, 희고 둥근 두 뺨을,
깜짝 놀랐지요, 그녀는,
놀란 시선으로 찬찬히 사방을 둘러봤지요,
연인을 침상 곁에서 발견하고선
부드러운 얼굴은 웃었지요, 피어났지요
사랑놀이를 했어요, 연인과 함께.

너의 사랑은 나를 (1968년)

아흐메트 아리프

떠나지 않았다 너의 사랑은 나를,
나는 먹지도 못하고 마시지도 못한다,
음험하고, 어두웠다 밤은,
마음이 이상하고, 고요하다,
갈기갈기 찢어졌다...
그리고 나의 손은, 수갑을 차고 있다,
담배도 피우지 않고, 잠도 이루지 못했다,
그래도 떠나지 않았다 너의 사랑은 나를

손님 (1943년)

자히트 스트크 타란즈

하룻밤 내 손님이 되어 준다면 그것으로 충분하다,
가득 찬다 나의 방에 라벤더 향기가;
차거워진다 기뻐서 물병의 물이
달은 창문 앞에서 계속 웃는다.

이브의 딸 중 가장 아름다운 네가
달이 보라고 그 앞에서 옷을 벗는다면 얼마나 좋을까!
어루만진다면, 입맞춤을 한다면, 향기를 맡는다면 잠시
소름 돋는 네 몸 구석구석을.

숨차듯 사랑을 나눌수록,
태어날 내 아이가 떠오른다;
시를 읊는다 행복에 대한,
네가 내 방에 손님으로 왔을 때

『피라예를 위해 쓴 저녁 9시~10시의 시』 중에서 (1944년)

나즘 히크메트

얼마나 멋진 일인가 너를 떠올린다는 것은:
죽음과 승리의 소식 속에서
감옥에서
내 나이 마흔일 때..

얼마나 멋진 일인가 너를 떠올린다는 것은:
그때 푸른 색 옷을 입었지만 이제는 잊어버린 너의 손과
머리칼에
내 사랑 이스탄불 땅의 위엄 있는 부드러움이 있다...
내 마음 속 두 번째 사람 같다.
너를 사랑한다는 행복은...
너의 손가락 끝에 남은 제라늄 잎사귀의 향기는
화창한 편안함
그리고 너의 살의 초대:
새빨간 줄들로 나눠진
따스하고
짙은 어둠...

얼마나 멋진 일인가 너를 떠올린다는 것은,
너에 대해 쓴다는 것은.
감옥에 누워서 너를 생각하는 것은:
언젠가, 어느 곳에선가 네가 한 말,
말 자체가 아니라
그 목소리에 묻어 있던 세계...

얼마나 멋진 일인가 너를 떠올린다는 것은.
너를 위해 또 나무로 조각을 해야지:
서랍
반지
삼 미터 정도 얇은 비단을 짜야지.
그리고 당장
자리에서 일어나
창살을 부여잡고
자유의 우유 빛 푸르름을 보고
너를 위해 쓴 것들을 큰 소리로 읽어야지...

얼마나 멋진 일인가 너를 떠올린다는 것은:
죽음과 승리의 소식 속에서
감옥에서
그리고 내 나이 마흔일 때...

1945년 9월 24일 (1945년)

나즘 히크메트

가장 아름다운 바다는
아직 항해되지 않았다.
가장 아름다운 아이는
아직 자라지 않았다.
우리의 가장 아름다운 날들은
아직 살지 않은 날들이다.
그리고 네게 하고 싶은 가장 아름다운 말은
아직 내가 하지 못한 말이다...

아내에게 (1955년)

옥타이 르파트

거실은 너와 함께 있어야 시원하다
방은 너와 함께 있어야 쾌적하다
나의 하루는 기쁨에 가득 차 하염없이 길다
너의 침대에서 일어난 아침에

사과의 반은 너 반은 나
우리의 낮과 밤과 집은 하나
행복은 잔디다, 네가 밟은 모든 곳에서 자라니
외로움은 네가 떠난 길에서 온다.

로바이 514번 (13세기)

몰라비(루미)

사랑의 불꽃으로 차가움이 따스해지고
사랑의 광채로 돌덩이가 말랑해지네
벗이여 사랑에 빠진 이들 죄 탓하지 마시게
사랑의 술로 인해 부끄러움 모르는 것이니

로바이 597번 (13세기)

몰라비(루미)

사랑 없이는 기쁨과 즐거움 배가 되지 않으며
사랑 없이는 마음과 몸 바르고 곧게 되지 않으리
구름에서 바다 위로 백 방울 비 내린들
사랑의 움직임 없이는 흡수되지 않으리

가잘 509번 (13세기)

사아디

그대 무정하고 지조 없으리라곤 처음엔 몰랐어요
약조하지 않는 게 하고도 안 지키는 것보다 낫답니다

왜 그대에게 마음 주었냐며 벗들은 날 핀잔하나
애초에 그대에게 말했어야 했던 걸요 그대 왜 이리 곱냐고

당대의 다른 미인들 쫓지 말라고 했던 그대여
이 사색의 바다에서 난 어디 있고 그댄 어디 있나요

사랑과 초라함과 손가락질과 질책
이 모두 별 일 아니나 이별만큼은 견딜 수 없어요

그대 오면 내 슬픈 마음 털어놓겠다 하였건만
그대 오면 슬픈 마음 사라질 테니 나 무어라 말할까요

세인들은 다른 이에게로 마음 돌리라 하지만
아터바크 시대에 두 마음 품는 것만은 안 하렵니다

가잘 270번 (14세기)

허페즈

나 사랑의 아픔 겪었나니, 묻지 마오
이별의 독 맛보았나니, 묻지 마오

나 세상을 떠돌다 마침내
정인을 만났나니, 묻지 마오

님의 집 뜰 흙이 못내 그리워
내 눈물 흐르나니, 묻지 마오

어젯밤 내 귀에 님이 속삭인
말소리 들었나니, 묻지 마오

왜 나더러 아무 말 말라며 입술 악무는 거요
나 님의 루비빛 입술 깨물었나니, 묻지 마오

그대 없이 내 초라한 오두막에서
괴로워 몸부림쳤나니, 묻지 마오

사랑 찾는 여정에서 허페즈마냥 나 홀로
머물 곳에 이르렀나니, 묻지 마오

나 당신 오길 고대합니다 (1958년)

니머 유시즈

나 당신 오길 고대합니다
산나무 가지에 검은 빛 그림자 드리우고
당신으로 인해 상심한 이들 슬픔에 겨운 밤
나 당신 오길 고대합니다

밤, 골짜기들이 죽은 뱀마냥 잠 든 그 순간
나팔꽃이 측백나무 밑동에 그물을 치는 그 때
날 기억하든 안 하든, 난 당신 기억을 놓지 않습니다
나 당신 오길 고대합니다

가잘 41번 (20세기 초)

말레코쇼아러 바허르

그대 얼굴은 달과 아무 연관 없어요
달은 양쪽 까만 귀밀머리 없거든요
그대를 결코 달이라 부르지 않을래요
결코 닮은 점이 없거든요
내 눈길 머무는 한적한 곳에 자리해 주세요
아무도 이 구석으론 발 들이지 못한답니다
연적들의 마음을 잘도 훔쳤군요
허나 무슨 소용? 간직해주질 않잖아요
할 수만 있다면 마음의 왕국으로 와 주세요
마음의 왕국에는 임금이 없거든요
원한관계 없고 재판도 없으며
야간순찰 없고 군대도 없거든요
누구든 저 폭군에게 전해 주세요
불쌍한 바허르는 잘못이 없다고요

별 (1931년)

데.나착도르지

먼 곳에서 반짝이는 색색의 별이여!
무한한 우주 가운데 소요(逍遙)하는 수많은 붉은 불꽃이여!
태양계 속에 살아가는 화성이여!
우리 인류는 너와 알고 지내기를 오래 전부터 바랐었다
황금빛 아름다운 네 위에 어떤 사람, 어떤 보석이 있느냐?
산과 물, 꽃과 나무는 무엇으로 이루어져 있느냐?
우리 세상처럼 온갖 것이 섞여 있을까?
사회질서가 그대 세상에 있는가, 없는가?
너의 별 그곳에서 이 세상은 어떤 색깔로 보이느냐?
세상이라는 것을 너는 아느냐, 모르느냐?
사랑의 불꽃은 얼마나 강렬한지?
왜 우리 세상에 소식을 전하지 않느냐, 너는?
지성의 화성이여! 그대는 모든 것을 날날이 보고 있다
이런 세상 만상을 뭐라 흥미를 갖는가, 너는?
우주 꼭대기의 수많은 학자들이 오래 전부터 네게 관심을 두었다
그들은 먼저 사회질서를 이루고, 다음 그대와 인척이 되리라 하네

가슴 속 연인 (연대 미상)

데.나착도르지

모인 군중들 속에서 마주친 순간
네 개 눈이 서로를 응시하며
두 마음 속 동시에
불등(佛燈)이 빛나고 있음을 누가 알까

후에 어느 날 깊은 숲 속에서 우연히 만나
마음을 흠뻑 적실 때
곁에 한 송이 꽃이 지켜보며
우리를 향해 미소 짓네

짧은 순간이지만
천만번을 떠올리며
언제 또 어디서 만날까 하고
작은 두 가슴 에이듯 아파하네

두 육신은 비록
자유로이 만나지 못하지만
마음은 언제나
하나의 세상 속에서 짝을 이루네

그대는 오랫동안 내 삶에 있었네 (1936년)

하미드 알림잔

그대는 오랫동안 내 삶에 있었네,
난 그대를 쫓아 바다에 갔었네.
굶주린 파도가 몰아치는 날에는,
그대를 찾아달라고 달에게 애원했네.

믿어주게, 언제나 그대를,
떠올리게 하는 아름다운 밤들은,
유랑하는 별들과 차가운 석양은 ,
언제나 행복했던 그 시절을 떠올리게 하네.

그대는 내 행복의 동반자,
그대는 푸르른 내 사랑의 정원이여,
그대와 함께하는 내 미래,
그대는 내 굳건한 믿음이 쌓아올린 산.

선선한 공기는 나를 에워싸고,
칠흙같은 밤이 물 위로 쏟아져 내리네.
그리고 수많은 이야기들이 떠오르며 ,
달도 함께 채워져가네.

밤은 고요하고,
오직 파도만이 멈출줄 모르네.
아, 美의 마술사인 달이여,
내게 누구를 떠올리게 하는가...?

내 젊음이 만개하던 그 시절에... (1937년)

하미드 알림잔

내 젊음이 만개하던 그 시절에,
그대는 내 마음 속 정원에 피어올랐네.

그때 내 두 눈은 봄을 보았고,
그때 내 가슴은 행복을 맛보았네.

새들은 내 영혼과 함께 노래하고,
나는 내 사랑의 향기에 취했네.

하루 종일 들판에서 머무르며,
나는 튤립 속에서 길을 잃었네.

한아름 가득 꽃을 모아
그대에게 건넸던 그 순간을

마치 어제처럼 기억한다네,
매 초, 매 순간을 기억한다네.

언제나 내 혀는 그대의 이름을 되내이며,
언제나 내 가슴은 그대를 떠올리네.

내 젊음이 만개하던 그 시절에 ,
그대는 내 마음 속 정원에 피어올랐네.

알리셰르 나보이(1441-1501)의 4행시 묶음 중에서

(연대 미상)

당신을 사랑합니다 내 영혼보다도,
당신을 사랑합니다 내가 가진 모든 것보다도,
그 어떤 것을 사랑해도 이보다 클 수 없네요,
당신을 그 무엇보다도 사랑합니다, 내 사랑.

시평

곁에 있는

스물여덟 언어의 사랑시

서양어권 I

p23. 사랑의 가치에 대한 이토록 확고한 신념을 어디서 찾아볼 수 있을까? 셰익스피어(William Shakespeare 1564~1616)는 『햄릿』, 『맥베스』, 『리어왕』, 『오셀로』 등을 남긴 극작가로 유명하지만 사랑과 시간성, 시의 가치에 대해 많은 소네트를 남긴 시인이기도 하다. 이 시에서 사랑은 시간의 어릿광대에 좌우되지 않는다. 사랑은 하나의 고정된 지표이자 단 하나의 별이어서 이 사랑이 없다면 그 어떤 것도 소용이 없다고 한다. 사랑이 빛보다도 빨리 시작되고 쉽게 변하는 시절을 사는 우리는 이 시를 읽다가 그만 이 믿음에 기대어 낮게 사랑하며 살고 싶어진다. 역자 정은귀.

p24. "누군가가 그리울 땐 두 눈을 꼭 감고 나지막이 소리 내 휘파람을 부세요"라는 우리 노래, 이 시를 읽으면 늘 생각이 난다. 휘파람은 나라와 시대를 막론하고 그리움과 사랑의 징표인가 보다. 이 시의 연인들은 막 사랑을 시작했나 보다. 딴 눈 팔까 두려워하는 걸 보면, 휘파람 불면 가겠노라고 약속하는 걸 보면 말이다. 풋풋하고 비밀스러운 사랑의 열기가 느껴지는 이 시는 로버트 번스(Robert Burns 1759~1796)라는 스코틀랜드 시인이 쓴 긴 시의 일부다. 원래 스코틀랜드 방언을 시에 그대로 가지고 와서 쓴 걸, 그 느낌을 살려서 사투리로 옮겨보았다. 역자 정은귀.

p25. 윌리엄 워즈워스(William Wordsworth 1770~1850)는 영국 낭만주의를 대표하는 시인으로, "하늘의 무지개를 보면 내 가슴은 뛰노라... 아이는 어른의 아버지"라는 유명한 시를 남긴 시인. 이 시에서 루시는 한 송이 제비꽃처럼 눈에 띄지 않은 채 작게 살다 간 소녀다. 우리가 흔히 생각하는 청춘 남녀 간의 전형적인 사랑이 드러나지 않지만, 루시가 죽어 땅에 묻히자, "온 세상이 얼마나 달라졌는지"라는 단 한 줄로 시인은 사람과 사랑의 의미를 묻고 있다. 한 사람은 그 자체로 온전한 우주라서 그 생명이 꺼지는 것은 하나의 세계가 사라지는 것. 사랑 또한 그런 것. 역자 정은귀.

p26. 예이츠(W. B. Yeats 1865~1939)는 아일랜드를 대표하는, 노벨문학상을 탄 시인이다. 예이츠의 시 중에는 사랑에 대한 절절한 시들이 많은데 이 시는 가난한 연인에게 제일 좋은 것을 주고 싶은 사랑의 마음이 잘 드러난 시다. 난 너무 가난해서 줄 수 있는 게 없다고, 다만 꿈밖에 없어서 꿈에서나마 사랑하는 이의 발밑에 내 꿈을 놓고자 한다고, 이 간절한 염원을 절절하고 가난한 사랑 노래로 만드는 힘. "꿈길밖에 길이 없어 꿈길로 가니"라는 우리 가곡도 생각나는데, 이 시의 마지막 부분은 김소월의 <진달래꽃>에 영감을 주었다고 한다. 역자 정은귀.

p27. 에밀리 디킨슨(Emily Dickinson 1830~1886)은 미국 시인으로 아주 많은 시를 남긴 훌륭한 시인이다. 우리가 생각하는

사랑의 종류도 여러 다른 형태의 사랑이 있어서, 남녀의 사랑을 넘어서는 보다 숭고한 폭넓은 사랑을 평생 살다가는 이들도 많다. 실로 한 사람의 생은 이름이나 명예, 혹은 부로 그 가치가 측정되는 것이 아니라 이 시에서처럼 단 한 사람의 아픔을 덜어주고 헐떡이는 새 한 마리를 도와주는 일에 의미가 있는 것은 아닐지. 가장 숭고한 사랑의 방식으로서 이처럼 확장되는 사랑의 세계를 염원해본다. 역자 정은귀.

p28. 월트 휘트먼(Walt Whitman 1819~1892)은 디킨슨과 함께 미국을 대표하는 가장 미국적인 시인, 미국의 민주주의를 노래한 시인으로 알려져 있다. 휘트먼의 시를 읽다 보면 자유롭고 활달하고 분방한 호흡이 느껴지는데, 이 시는 사랑할 때 한쪽에서 더 많이 사랑한 경험을 안타깝게 노래한다. 하지만 시인이 말했듯이 어떤 사랑도 보답 없는 사랑은 없는 법. 더 많이 사랑한 이에게도 분명 소중한 깨달음으로 남는 게 있다. 어쩔 수 없다는 것, 이게 바로 사랑의 진짜 얼굴이 아닐까. 역자 정은귀.

p29. 요한 볼프강 폰 괴테(Johann Wolfgang von Goethe 1749~1832)는 쉴러와 함께 독일 고전주의를 완성한 독일 문학 및 세계문학의 거장이다. 정치가와 자연과학자의 면모도 갖춘 전인적인 문호로서 그는 평생 다수의 드라마, 시, 소설, 서평, 논문 등을 집필했다. 1796년에 출판된 이 시는 독일계 덴마크 여성 작가인 프리데리케 브룬의 감상적인 시를 괴테

가 고전주의 형식으로 개작한 것으로 서정적 자아가 여성의 역할을 하고 있는 배역 시(Rollenlyrik)라고 할 수 있다. 연마다 2행씩 남성적인 분위기와 여성적인 분위기가 교차하면서 물리적 거리를 극복하는 절제된 사랑의 열정을 노래하고 있다. 역자 서유정.

p30. 하인리히 하이네(Heinrich Heine 1797~1856)는 19세기 독일의 가장 대표적인 시인 중 하나이며, 낭만주의 시인에서 정치적 풍자 시인으로 변모해 갔다. 시 외에도 다수의 정치 풍자 에세이와 여행문 등을 남겼다. 이 시는 초기 낭만주의 연애시집인 『노래의 책(Buch der Lieder, 1827)』에 실린 시로 사촌누이인 아말리에에 대한 이루지 못한 사랑을 배경으로 하고 있다. 사랑의 애절함을 감각적인 반어적 표현과 해학을 통해 시적으로 승화시키고 있다. 역자 서유정.

p31. 프리드리히 뤼케르트(Friedrich Rückert 1788~1866)는 19세기 초 독일의 대표적인 시인이자 에어랑엔과 베를린에서 동양학 교수를 지낸 학자이기도 하다. 코란을 독일어로 번역한 것으로도 유명하며, 슈베르트, 슈만, 말러 등의 작곡가가 그의 시에 즐겨 곡을 부치기도 했다. 이 시는 뤼케르트의 시집 『사랑의 봄(Liebesfrühling, 1844)』에 실린 시로 우주 만물의 원리로서의 사랑 그리고 자기인식의 방법론으로서의 사랑이라는, 사랑에 대한 형이상학적 성찰을 담고 있다. 역자 서유정.

p33. 라이너 마리아 릴케(Rainer Maria Rilke 1875~1926)는 오스트리아-헝가리 제국 시절 프라하에서 태어났으며 스위스의 요양소에서 사망했다. 종교적 시어 외에도 회화의 영향을 받은 사물시(Dinggedicht)로 현대시에 지대한 영향을 끼쳤고, 소설, 에세이, 다수의 서신 집필 외에 번역 활동도 하였다. 이 시는 릴케의 연인이었던 루 살로메에게 바친 것으로 연시 모음집인 『기도시집(Das Stundenbuch, 1901)』제 2권에 실려 있다. 불가항력적인 사랑의 힘과 열정이 감각적으로 묘사되어 있다. 역자 서유정.

p34. 엘제 라스커-쉴러(Else Lasker-Schüler 1869~1945)는 독일 엘버펠트에서 출생했고 예루살렘에서 사망했다. 독일-유대인 여류시인으로 독일 문학사에서 아방가르드적 모더니즘과 표현주의를 대표하는 시인이요 화가이기도 하다. 수많은 시에 시편의 멜로디를 사용하고 있어 종교적이고 동양적인 색채를 띤다. 이 시는 시집 『제 칠일(Der siebente Tag, 1905)』에 실린 것으로 종교적 색채와 에로틱한 사랑의 색채가 혼합되어 있다. 역자 서유정.

p35. 기욤 아폴리네르(Guillaume Apollinaire 1880~1918)는 초현실주의(surréalisme)라는 말을 만든 시인으로서 현대적이고 전위적인 시를 썼다. 자유로운 리듬을 구현하기 위해 구두점을 모두 생략한 <미라보 다리>는 여류화가 마리 로랑생(Marie Laurencin)에게서 실연당한 아픔이 시작(詩作)의 동기라고 알

려져 있다. 역자 유기환.

p37. 삶의 거의 전부를 피레네 산록에서 보낸 프랑시스 잠(Francis Jammes 1868~1938)은 자연 풍경을 종교적인 애정으로 노래했다. <집은 장미로 가득하리라....> 또한 장미와 꿀벌로 가득한 자연의 집에서 사랑하는 이와 함께 살아가는 소박한 행복을 꿈꾸고 있다. 역자 유기환.

p38. 16세기 르네상스 시대에 프랑스어를 세련되고 우아하게 만드는 데 공한한 롱사르(Pierre de Ronsard 1524~1585)는 사랑과 장미의 시인으로 알려져 있다. <그대에게 꽃다발을 보내오니....>에서도 그는 꽃에 빗대어 사랑을 노래하면서 청춘의 꽃이 피어 있을 때 열정적인 사랑을 누리도록 권한다. 역자 유기환.

p39. 첫 번째 아내 갈라(Gala)가 화가 살바도르 달리의 연인이 되었다는 사실로도 유명한 초현실주의자 폴 엘뤼아르(Paul Eluard 1895~1951)는 흔히 사랑을 근원적인 테마로 삼아 감상적이면서도 사회적인 시를 썼다. <나는 외롭지 않아>는 자연의 품과 여성의 품이 혼연일체가 되는 감정을 표현한다. 역자 유기환.

p40. 상징주의 시를 적극적으로 옹호한 구르몽(Remy de Gourmont 1858~1915)은 『시몬(Simone, 1901)』이라는 시집에서

상상의 여인 시몬에 대한 그리움을 노래한다. <낙엽>은 가을의 마른 잎을 시재(詩材)로 삼아 삶의 단상을 노래하고 시몬에 대한 깊고 강렬한 애정을 고요한 목소리로 전한다. 역자 유기환.

p42. 러시아 모더니즘 시단을 대표하는 여류 시인 중 한 명인 마리나 이바노브나 츠베타예바(Марина Ивановна Цветаева 1892~1941)가 쓴 이 시는 로맨스와 영화 삽입곡으로 만들어지면서 큰 명성을 얻었다. 이 시에서 그려지고 있는 사랑은 시인이 연상의 동료 여류시인 소피야 파르노크(София Парнок 1885~1933)와 두 해(1914~1916)에 걸쳐 나누었던 로맨스로서, 이런 동성 간의 사랑은 혁명 전 러시아의 사회통념으로는 용납되기 힘든 것이었다. 그러나 이 우정을 넘어선 열정은 남녀의 사랑만큼이나 상대에 대한 우월감과 지배의 욕망 때문에 깨지고 말았다. 동성 연인과의 결별 후 시인은 그 꿈과 같은 사랑의 진실성에 대해 자신에게 질문하고 있다. 역자 조준래.

p44. 블라지미르 블라지미로비치 마야코프스키(Владимир Владимирович Маяковский 1894~1930)는 러시아 미래주의를 대표하는 동시에 러시아 혁명을 상징하는 시인이다. 이 시는 시인의 수많은 연인 가운데서 변함없는 영원한 흠모의 대상이었던, 동료 문인 오시프 브리크(Осип Брик)의 아내 릴랴 유리예브나 브리크(Лиля Юрьевна Брик 1891~1978)에게 바쳐진 작품이다. 마야코프스키와 릴랴의 '불가능한' 사랑은 '불가능

한' 혁명의 메타포였다고 평론가들은 말한다. 시인은 자신의 열정 어린 감정이 어느덧 상대에게 버거운 짐으로 변하지 않았을까 고민한다. 이런 고뇌 속에서 시인은 이별을 통보하지만, 실제로는 담담하게 그녀 곁을 떠날 용기조차 없다. 격정 어린 호소와 자살의 협박까지 동원해서라도 연인의 마음을 붙들어 두려는 시인의 열정이 안타깝다. 역자 조준래.

p48. 러시아 상징주의를 대표하는 알렉산드르 알렉산드로비치 블로크(Александр Александрович Блок 1880~1921)는 이 시에서처럼 세기말의 신비주의적이고 몽환적인 풍경을 탁월하게 그려냈다. 유명한 화학자 멘델레예프의 딸인 류보피 멘델레예바(Любовь Дмитриевна Менделеева 1881~1939)와 결혼했지만, 아내의 배신과 러시아 제정 말기 세상의 번잡함에 환멸을 느낀 시인은 그 모든 것을 잊기 위해 낯선 취객들로 붐비는 떠들썩한 선술집의 한구석에 앉아서 시큼한 와인을 마시며 순수하고 낭만적인 피안의 세계의 환상에 빠져든다. 그 세계 속에 시인이 동경하는 미지의 여인이 있다. 현재의 슬픔과 현실에서의 실패한 사랑을 단아한 자태의 낯선 여인과의 가상적인 사랑으로 달랠 수 있다고 시인은 믿고 싶어 한다. 역자 조준래.

p51. 니콜라이 알렉세예비치 클루예프(Николай Алексеевич Клюев 1887~1937)는 20세기 초 러시아 농민 시 운동을 주도했던 시인이다. 이 시에서 전원의 이미지를 통해 그는 서로에

게 뜨겁게 매료되었던 남녀가 차가운 사이로 급변하는 이유는 무엇인가라고 묻는다. 영원한 사랑을 확신했던 사이라면 더더욱 이별은 받아들이기 힘든 사건이 되고, 이별 후 한 번 식어버린 감정은 되살리기가 어려워진다. 계절이 바뀌고 오랜 시간이 지나 남게 되는 것은 상처 자국처럼 가벼운 슬픔과 애틋함뿐이다. 역자 조준래.

p53. 오시프 에밀리예비치 만델시탐(Осип Эмильевич Мандельштам 1891~1938)은 러시아 시단을 통틀어 가장 뛰어난 시인 중 한 명이자 모더니즘의 한 분파인 아크메이즘 시문학 운동을 주도했던 시인이다. 이 작품은 그가 자신의 연인이었던 배우 올가 아르베니나(Ольга Арбенина 1897~1980)와 헤어진 후 그녀에게 썼던 시 형식의 서한으로, 여름 한낮처럼 뜨거웠던 연인들 사이의 감정조차도 한겨울 얼음장처럼 차갑게 식을 수 있음을 묘사하고 있다. 사랑하는 이와 함께 나누었던 일상의 애틋한 기억들은 이별 후 서로에 대한 원망과 비난의 근거로 변질될 수 있다. 그렇다면 사랑은 어쩌면 첫 만남의 애틋한 감정을 유지하기 위해 끊임없이 서로 살피고 돌아보는 배려의 수고로움이 아닐까. 역자 조준래.

서양어권 2

p57. 구스따보 아돌포 베께르(Gustavo Adolfo Claudio Domínguez Bastida 1836~1870)는 Gustavo Adolfo Bécquer로 불린다. 스페인의 Sevilla 태생이며, 폐결핵과 매독으로 사망하였다. 낭만주의 시인으로, 그의 많은 작품 중 86편의 시편은 4단계로 나누어진다. 1~11편은 시와 문학에 대한 고찰이며, 12~29편은 시상에 지대한 영향을 미치는 사랑에 대하여, 30~51편은 주로 배신과 불신에 대한 것이며, 52~86편은 죽음을 앞둔 시인의 세상과 사랑에 대한 좌절을 노래하고 있다. 이 시편들은 아마도 1867년경 쓰인 것으로 보이나 1868년 혁명 때 원고를 분실하여 1871년 친구에 의해 출간되었다. 역자 민선재.

p59. José Martí로 불리는 호세 훌리안 마르띠 뻬레스(José Julián Martí Pérez 1853~1895)는 쿠바의 La Habana 태생이며, 유육종과 총상으로 사망하였다. 모더니즘 시인이자 정치가였던 그는 Rubén Darío, Amado Nervo와 함께 중남미 모더니즘을 대표하며, <나는 하얀 장미를 키웁니다>는 1891년 출간된 시집 『Versos Sencillos』에 수록되어 있다. 이 시는 우정을 주제로 하고 있으며, '하얀 장미'를 신의로 표현하며, 배신을 '엉겅퀴나 쐐기풀'로 표현하고 있다. 또 배신자를 위해서도 하얀 장미를 키운다는 것으로 대립과 모순을 승화시켜 통

일된 세계관을 지향하는 시인의 철학을 엿볼 수 있다. 역자 민선재.

p60. 세사르 바예호(César Vallejo 1892~1938)는 페루의 Santiago de Chuco 태생이며, 전사하였다. 모더니즘 시인이며, 이 시는 그가 서거한 1년 후인 1939년에 그의 아내(Georgette Philippart)에 의해 출간된 시집 『Poemas Humanos』에 수록되어 있다. 이 시는 낮과 밤, 진실과 위선, 시간 속에 숨겨진 모순을 심상에 녹여내어, 이 모든 것이 우리임을, 우리의 역사임을 표현하고 있다. 역자 민선재.

p62. 훼데리꼬 가르시아 로르까(Federico García Lorca 1898~1936)는 스페인의 Granada 태생이며, 내란죄로 총살형으로 사망하였다. 27세대에 속하는 모더니즘 시인이며 극작가이다. 이 시는 1921년 출간된 시집 『Libro de Poemas』에 수록되어 있다. 작가는 자신의 이상향을 천국이라 칭하며, 자연의 질서조차 번잡하게 표현하고 있으며, 진정한 이상향은 우리의 따뜻한 마음이라고 강조한다. 역자 민선재.

p64. 신을 향한 사랑만이 숭고한 것일까? 여인을 향한 간절한 마음도 아름다운 것이 아닐까! 이탈리아 문학의 아버지이자 서구 문명의 한 기둥이 되는 단테 알레기에리(Dante Alighieri 1265~1321)는 베아트리체에 대한 사랑을 문학 작품에 담아 중세 철학과 종교를 아우르면서도 여인에 대한 사

랑이 신을 향한 사랑과 다름이 없음을 보여주었다. 일생에 단 두 번밖에 만난 적 없고 각기 다른 이와 결혼을 했지만 단테에게 베아트리체는 영원한 사랑이자 완벽하고 성스러운 선, 아름다움의 상징이었다. 베아트리체를 알게 된 뒤 '다시 태어남(新生)'을 나타낸 단테의 27살까지의 자서전 『신생(Vita nuova)』은 베아트리체의 사망 소식을 듣고, 그녀의 아름다움을 찬미하고 사랑과 슬픔을 그리는 내용이 담겨있다. 그 중 26번째 소네트 <지극히 고귀하고 정숙한 자태라 Tanto gentile e tanto onesta pare>는 베아트리체에 대한 단테의 사랑이 드러난 백미로 손꼽힌다. 역자 박문정.

p65. 처음 사랑에 빠진 순간의 아찔함과 강렬함은 영원처럼 기억된다. 단테에게 베아트리체가 있었다면 페트라르카(Franccesco Petrarca 1304~1374)에게는 무한한 문학적 영감을 준 사랑하는 여인 라우라가 있었다. 단테가 중세와 르네상스를 연결하는 작가라면, 페트리르키는 보카치오와 함께 인문주의 예술관을 꽃피운 이탈리아 르네상스 문학의 전성기를 대표하는 시인이다. 라우라에 대한 사랑을 노래하는 많은 소네트 중에 <축복이어라. 그 날, 그 달, 그 해>는 가장 아름답고 대표적인 작품으로 손꼽힌다. 『칸초니에레』에 실린 이 소네트에서 페트라르카는 1327년 4월 아비뇽의 한 성당에서 그녀의 연인 라우라를 처음 보았을 때의 장소와 분위기를 낭송한다. 구체적이지 않지만 내면에 떠오르는 사랑의 감정을 묘사하며 사랑에 처음 빠지는 순간을 잘 표현하여 이탈리아

에서 대표적인 사랑의 시로 꼽힌다. 역자 박문정.

p66. 삶은 죽음으로 귀결되는 것이 자연의 이치라지만 사랑하는 이의 죽음을 받아들이는 것만큼 고통스러운 것은 없을 것이다. 페트라르카 이후 유럽에서 가장 사랑받는 이탈리아 대표 시인, 19세기 작가 레오파르디(Giacomo Leopardi 1798~1837)는 <실비아에게>라는 작품에서 절절히 사랑하였지만 21살 꽃 다운 나이에 결핵으로 사망한 테레사 파토리니(Teresa Fattorini)에 대한 사랑과 그리움, 그리고 그 시절 청춘에 대한 회상을 나타내었다. 시인은 탓소(Torquato Tasso)의 문학적 영향을 받아 그가 사랑한 여인 테레사를 작품에서 '실비아'라고 불렀다. 레오파르디는 서정적이고 회의주의적인 작품들을 선보여 르네상스 사실주의 전통이 강한 이탈리아에서 낭만주의 시인으로 손꼽히기도 한다. 역자 박문정.

p70. 루이스 바스 드 카몽이스(Luís Vaz de Camões 1524~1580)는 포르투갈의 민족 서사시 『루지아다스(Os Lusíadas, 1572)』의 작가로 <소네트 5번>은 엄격한 형식과 각운을 지키는 페트라르칸 소네트 형식을 따라 총 14행으로 구성된 4-4-3-3의 연으로 나누어져 있다. 그토록 수없이 이야기했음에도 여전히 알다가도 모를 사랑의 속성에 대해 카몽이스는 명쾌하게 단언한다. 사랑은 절대로 숭고한 그 무엇이 아니며 변덕스럽기 짝이 없는 종잡을 수 없는 존재임을. 역자 임소라.

p71. 브라질 낭만주의를 대표하는 시인 카스트루 아우비스(Antônio Frederico de Castro Alves 1847~1871)는 흑인 문화의 본거지인 바이아주 태생으로 노예제 폐지론을 주장하며 활발한 사회참여 창작 활동을 펼친 '노예들의 시인'으로 잘 알려져 있다. 편견을 거부하는 자유정신과 끊임없이 호흡했던 시인은 시대를 앞서가는 파격적인 언어로 연인 에우제니아 카마라(Eugénia Câmara, 1837~1874)와 함께 사랑의 절정에 이르는 순간을 노래한다. 역자 임소라.

p72. 가장 아름다운 사랑은 이루어질 수 없는 사랑이라 했다. <테레자의 작별인사>는 시인 카스트루(Antônio Frederico de Castro Alves 1847~1871)의 인생에 큰 획을 그었던 치명적인 뮤즈 에우제니아와 카마라와의 마지막 재회를 담담하게 읊조린다. 10살 연상의 유부녀였던 에우제니와의 사랑은 처음부터 순탄치 못했다. 이로 인해 두 사람은 연애 기간 동안 수차례에 걸쳐 만남과 이별을 반복했고, 1868년 연인과 작별인사를 나눈 뒤 시인은 사냥 중 불의의 사고로 한쪽 다리마저 절단하는 평생의 상처를 입게 된다. 역자 임소라.

p74. '브라질 시인의 왕자'로 일컬어질 정도로 완성도 높은 작품들을 선보이며 활발한 창작 활동을 펼쳤던 올라부 빌라키(Olavo Brás Martins dos Guimarães Bilac 1865~1918)는 브라질 고답파를 대표하는 시인이다. 운율과 시어의 정치성(精緻性)과 조탁미(彫琢美)가 돋보이는 이 시는 단테의 『신곡』과 상호

텍스트성을 지닌 작품으로, 사랑의 시작과 끝, 만남과 이별이 교차하는 길 위에 마주한 두 연인을 그리고 있다. 역자 임소라.

p75. 카몽이스 이후 가장 뛰어난 포르투갈 시인으로 손꼽히는 페르난두 페소아(Fernando António Nogueira Pessoa 1888~1935)는 역설의 미학을 통해 인식의 경계 너머를 자유자재로 넘나든다. 이 작품의 시적 공간은 "내보이고자 하면, 보이지 않는" 기묘한 감정의 충돌이 빚어낸 역설적 공간으로 그 어떤 말로도 오롯이 담아낼 수 없는 사랑의 본질을 더욱 명징하게 드러내 준다. 역자 임소라.

p77. 알바루 지 캄푸스(Álvaro de Campos 1890~1935)는 나이도, 성격도, 직업도 모두 다른 페소아의 이명(異名)이다. 누구나 그렇듯 지나간 사랑은 유치하고 낯간지럽다. 사랑하는 사람만이 유치해질 수 있고, 유치해져야만 온전히 사랑에 자신을 내맡길 수 있다. 그래서일까? 지나간 사랑이 담긴 "모든 연애편지는 우스꽝스럽고", 포르투갈어에서 흔치 않은 '어미에서 세 번째 음절에 악센트가 오는 단어들'처럼 왠지 생경한 느낌마저 자아낸다. 역자 임소라.

p79. 1170년경 네덜란드의 시인 헨드릭 판 펠더커(Hendrik van Veldeke 1140~1200경)가 쓴 사랑 시다. 네덜란드 남부 림부르크 지방 출신인 헨드릭 판 펠더커는 작가 이름과 작품이

동시에 전해지는 최초의 네덜란드 작가로서 문학사적으로도 중요한 의미를 지닌다. 중세 기사도 정신의 영향 하에 여성은 욕망의 대상이 아니라 흠모와 찬양의 대상이라는 당시의 사랑 관념을 그의 시에서 엿볼 수 있다. 여인에 대한 자신의 진솔하고 깊은 사랑을 사랑의 묘약을 마셨던 트리스탄의 (인위적) 사랑과 비교한다. 역자 문지희.

p80. 얀 판 더르 노우트(Jan van der Noot 1539~1595경)의 4행시이다. 지금의 벨기에 안트워프 지역의 출신인 시인은 네덜란드지역에 르네상스 시를 소개했다. 특히 프랑스에서 최초의 르네상스 시를 발표한 피에르 롱사르의 영향을 받아 1570년 발표된 얀 판 더르 노우트의 시집 『작은 숲(Het Bosken)』은 르네상스의 특징들을 잘 담아내고 있다. 예를 들어, 미네르바와 비너스 같은 여신들에 비견되는 아름다운 여인들이 묘사되는데, 그녀의 눈은 하늘의 반짝이는 별을 닮아 있고, 그녀의 입술은 산호처럼 붉으며, 입술 사이 보이는 하얀 이는 상아를 연상시키며, 그녀의 부드러운 숨결은 푸른 제비꽃 향기를 머금고 있다. 역자 문지희.

p81. 피터 코르넬리스존 호프트(Pieter Corneliszoon Hooft 1581~1647)가 쓴 대표적인 사랑 시이다. 꿈결에 들은 여인의 속삭임이 시인의 마음을 기쁨으로 충만하게 하였으나 해가 밝고 꿈에서 깬 시인은 결국 그 모든 것이 꿈에 지나지 않았음을 깨닫게 된다. 역자 문지희.

p82. 헤르만 호르터르(Herman Gorter 1864~1927)가 1890년 쓴 대표적인 사랑 시로서 이 시의 아름다움은 무엇보다 표현의 단순함과 운율에 있다고 할 수 있다. 화려한 미사여구가 아닌 어렵지 않은 언어로 사랑하는 이에 대한 감정을 담담하게 노래하는 시인은, 어쩌면 사랑에 빠진 사람이라면 복잡하지 않은 순수한 감정 그대로를 표현하게 된다는 사실을 보여주고 있는 듯하다. 순수한 감정과 담담한 표현, 그리고 운율로 아름다운 리듬을 선사하는 시이다. 역자 문지희.

p83. 마리아 파블리코프스카-야스노제프스카(Maria Pawlikowska Jasnorzewska 1891~1945)는 크라쿠프 미술대학을 졸업한 미술학도였지만, 시인으로 전향하여 20세기 전반기에 폴란드 문단에서 큰 사랑을 받았다. '사랑'이라는 제목이 붙어 있지만, 본문에는 '사랑'이라는 말이 단 한 번도 등장하지 않는다. 하지만 사랑을 잃어버린 여인의 독백을 통해 사랑의 소중함이 역설적으로 부각되고 있다. 공기처럼, 목숨처럼 절절했던 사랑을 떠나보냈건만, 일상은 아무 일도 없었다는 듯 태연히 흘러가고 있다. 지금껏 익숙했던 현실이 문득 생경한 모습으로 다가온다. 하지만 무엇보다 낯설고 의아한 건, 사랑이 끝났는데도 여전히 숨을 쉬고, 삶을 지속하고 있는 나 자신이다. 역자 최성은.

p84. 사랑에 빠진 이들의 시선은 서로를 향해 머물러 있다. 하지만 사랑이 엇갈리는 순간, 내가 사랑하는 이의 눈 속에

더 내 모습은 없다. '그'는 창문 너머, 하늘 저편, 먼 곳을 망연히 바라본다. '나'는 텅 빈 그의 눈에 슬픔이 서려 있고, 그의 쓸쓸한 미소에 헤아리기 힘든 감정이 깃들어 있음을 감지한다. 그리고 깨닫는다. 어느새 그는 내게 '가장 가까운 곳에 있는 가장 먼 영혼'이 되었다는 걸, 이별이 머지않았다는 걸. 이별하는 일 역시 사랑하는 일의 다른 모습이므로. 역자 최성은.

p85. 할리나 포시아토프스카(Halina Poświatowska 1935~1967)는 선천적 심장병으로 짧은 생애를 살았지만, 생의 의지를 뜨겁게 불태우며 예술가로서 불꽃같은 삶을 살았다. 사랑과 죽음을 주제로 한 여러 편의 주옥같은 시들을 남겼다. 사랑의 감정은 솔직하고, 단순하며, 적나라하고, 순수하다. 본능에 충실하고, 감정에 솔직할 수밖에 없는 이 원초적인 감정 앞에서 관념이나 이성 따위는 단숨에 무력화된다. 사랑에 빠진 '나'는 막 태어난 아기처럼 세상 만물이 새롭기만 하다. 벅차오르는 달뜬 감정을 주체할 길 없어 갓난아기가 말을 배우듯, 오감(五感)을 자극하는 주변 사물의 이름을 새삼스레 불러본다. 꽃과 공기, 아스팔트와 바위. 그리고 마침내 심장 깊은 곳에서 터져 나오는 한 마디, '사랑한다'. 태곳(太古)적부터 전해져 온, 날 것 그대로의 가장 원시적이고 미개한 언어로. 역자 최성은.

p86. 살면서 우리는 죽을 만큼 치열하게 누군가를 사랑하기

도 하고 그 사람을 위해 목숨을 내놓아도 조금도 아깝지 않다고 느끼기도 한다. 사랑의 절정에서 몇 번이나 다시 태어나고 또 죽기를 반복하기도 하며 사랑의 환희를 온몸으로 만끽하는 순간, 이대로 생이 멈춰버렸으면 좋겠다는 극단적인 생각을 품기도 한다. 사랑은 그렇게 죽음과 은밀하게 맞닿아 있다. 역자 최성은.

p87. 콘스탄티 일데폰스 가우친스키(Konstanty Ildefons Gałczyński 1905~1953)는 폴란드에서 '음유시인' 또는 '풍자시의 대가'로 불린다. 시인은 상습적인 알코올 중독으로 정기적인 치료를 받으면서도 독창적인 유머와 날카로운 풍자, 그리고 탁월한 리듬감을 바탕으로 한 매혹적인 시들을 발표하였다. 사랑을 확인받고 싶어 하는 여자, 그리고 사랑하는 여인을 위해 일상의 구석구석에 깃든 사소한 순간들을 예로 들어가며, 서툴지만 그녀를 향한 진심을 표현하려 애쓰는 남자. 두 사람의 대화 형식으로 구성된 이 시는 지금 이 순간, 누군가와 가슴 떨리는 사랑의 교감을 나누고 있는 세상의 모든 연인을 위한 찬가이다. 역자 최성은.

p89. 얀 레혼(Jan Lechoń 1899~1956)은 양차 대전 사이 폴란드 문학(1919~1939)을 대표하는 시인이다. 이루지 못한 사랑은 이 시의 제목처럼 우리에게 '번민'을 안겨주는 아픈 상처임에 틀림없지만, 우리는 또한 그 사랑이 남긴 소소한 추억을 부여잡고 생의 아픔을 달랜다. 더 이상 깊어질 수 없는 슬픔처럼

모든 것이 저물어가는 가을밤, '나'는 정원에 나가 호수를 바라보고, 대지의 속삭임에 귀를 기울이며, 모든 것을 잊을 채비를 한다. 사랑에 울고 웃던 지난날의 기억들이 바람결에 흘러가버리길 소망하면서 그렇게 '나'는 한 때 뜨겁게 사랑했고, 뜨겁게 분노했던 사랑의 추억을 향해 조용히 작별을 고한다. 역자 최성은.

p90. 카렐 히네크 마하(Karel Hynek Mácha 1810~1836)는 체코 낭만주의의 대표적인 작가이며 이 시는 그의 대표작인 <오월(Máj)>의 첫 연(聯)이다. 체코어의 특성상 사용되기 어려웠던 약강격(iamb) 운율을 사용하여 주목받았으며 실제의 사건을 바탕으로 한 아름답고 슬픈 장편 서정서사시이다. <오월>은 우리나라 김소월의 <진달래꽃>처럼 체코인들에게 널리 알려진 시이다. 5월 1일 프라하의 페트르진(Petřín) 언덕에 있는 마하의 동상 아래에서 남녀가 입맞춤하면 사랑이 이루어진다고 한다. 역자 유선비.

p92. 얀 네루다(Jan Neruda 1834~1891)는 프라하 사람들의 삶을 작품에 잘 담아낸 체코 사실주의 문학의 중심인물이다. 가장 대표적인 작품으로는 단편 소설집 『말라스트라나의 이야기들』이 있지만 시 분야에서도 명성을 구가하였다. 시집으로는 『시들의 책』, 『우주의 노래』, 『발라드와 로맨스』, 『단순한 모티브』 등이 있다. 그는 시에서 아이러니와 회의적인 모티브들을 간결하게 표현하면서 주목 받았다. 후기에는 완벽

한 우주에 대한 상식과 발라드 양식의 이해 등 사실주의를 바탕으로 한 그의 문학적 성향이 작품에 독창성을 부가한다. 그의 이름은 칠레의 노벨 문학상 수상자 파블로 네루다(Pablo Neruda)로 인해 더욱 유명하다. 그가 얀 네루다의 성을 차용해서 사용했기 때문이다. 역자 유선비.

p93. 야로슬라프 브르흘리츠키(Jaroslav Vrchlický 1853~1912)는 교수이면서 번역가, 소설가, 극작가 등 다양한 방면에서 우수한 작품들을 남겼다. 19세기 말 체코에는 문학이 어떤 특정한 사상이나 관념에 치우치는 것을 거부하고 '예술을 위한 예술'을 강조하는 루미르(Lumír)라는 문학 동인이 형성되는데 그는 이 그룹의 대표적인 일원이었다. 초기에는 여성에 관한 숭배 혹은 감각적인 탐닉을 표현한 시들이 많은데 위의 시 또한 이 시기의 것이다. 역자 유선비.

p94. 콘스탄틴 비블(Konstantin Biebl 1898~1951)은 체코의 자생적인 아방가르드 문학 장르라고 할 수 있는 포에티즘(Poetism)을 비롯하여 다양한 장르의 시를 창작하였다. 이 작품이 실린 시집 『충실한 음성』은 멜랑콜리 하고 감각적인 시들을 주로 포함하고 있다. 그중 위의 시는 짧지만 인간과 자연의 관계에 대한 그의 태도와 함께 그의 어휘 사용과 어감 등을 재미있게 느껴볼 수 있다. 역자 유선비.

p95. 젊은이의 마음을 불길처럼 휘감는 본능적인 사랑은 선명한 붉은 빛이다. '핏빛 자주색 장미꽃'처럼 아름답고 매혹적인 여인을 오랫동안 못 만났기에, 어서 그녀와 만나고 싶어 마음이 저린다. 하지만 사랑에 목마른 두 사람이 만나자마자 "그간 왜 연락 안 했는지? 무얼 하며 지내느라 소원했는지?" 서로에게 따지고 묻고, 부딪힐까 두렵기도 하다. 어디 엔드레 (Ady Endre 1878년~1919)는 사랑하는 만큼 두렵고 아프지만, 도저히 헤어질 수 없는 운명 같은 사랑을 상징적인 어휘들로 선명하게 그리고 있다. 역자 한경민.

p96. 누군가를 사랑한다는 건 그 사람을 지켜주고 보호해주고 싶은 마음과 바람이다. 늙고 병들어 사랑하는 여인을 지켜줄 수 없는데 그래도 손을 잡아 줄 수 있고 또 상대의 눈을 바라보고 응시하며 사랑을 전달해줄 수 있다. 육체의 힘이 아니라 영혼과 마음의 힘으로 상대를 지켜주고 보호해주려고 하는 단계는 고차원적인 사랑의 단계가 아닐까? 노부부가 손을 잡고 느릿느릿 산책하는 모습이 얼마나 아름다운지 우리는 말하지 않아도 잘 알고 있다. 육체가 아니라 정신으로 서로를 지켜주고 있기 때문일 것이다. 역자 한경민.

p97. 페퇴피 샨도르(Petőfi Sándor 1823~1849) 사랑하는 여인과 떨어져, 소식이 오기만을 기다리는 시간이 얼마나 고통스러운가? 뜨겁게 불타던 여름이 지나고 마치 모든 것이 얼어붙은 겨울이 된 듯, 여인이 이미 자신을 사랑하지 않을까 두

려움에 떨고 있는 시간. 자신의 두려움을 본 시인은 주변에서 발견한 덤불과 강물에 마음을 빗대어 흔들리고, 터져 나올 듯한 사랑의 마음을 드러내 보인다. 그녀가 자신을 사랑하지 않아도 잘 살라고 축복할 것이지만, 사랑한다면 천배나 더 축복할 테니 사랑해 달라고 거침없이 고백하고 있다. 역자 한경민.

p99. 러드노티 미클로시(Radnóti Miklós 1909~1944) 러드노티는 유태인 강제노동수용소에서 갇혀서 폭력과 억압이 가득한 생활을 어렵게 버터내고 있다. 하루의 힘든 노동이 끝나고 밤이 되면, 모두가 지쳐 곯아떨어졌지만, 그는 혼자 수첩을 손에 들고 사랑하는 사람에게 돌아갈 날을 기다리며 시를 쓰고, 다듬어 내며 밤을 지새운다. 그는 시를 쓰면서 사랑하는 이의 품에 안겨 있는 모습을 그리며 '이곳에서 죽을지도 모른다'는 두려움을 몰아내고, 마침내 죽음조차 '꿈'을 꾸듯 견디어 낼 수 있기를 기도하고 있다. 역자 한경민.

p101. 요제프 어띨러(József Attila 1905~1937)는 거리에서 자신이 사랑하는 이가 사뿐사뿐 걸어가는 모습을 보게 된다. 그녀의 복사뼈와 움츠린 어깨까지 예뻐, 뒤에서 걸어가던 소년과 가로등조차 그녀에게 미소를 짓고 감탄을 한다는 묘사는 여인에 대한 지극한 사랑을 잘 드러낸다. 하지만 사랑하는 사람에게는 언제나 두려움, 사랑을 잃어버리면 어쩌나 하는 두려움이 동반될 수밖에 없으니.... 그런 두려움을 지닌 채 계속해서 그

녀를 바라보고 있다. 사랑을 갈망하는 시선으로. 역자 한경민.

p103. 사랑하는 이를 '놀이 친구'로 초대한 시인 코스톨라니 디제(Kosztolányi Dezső 1885~1936)는 둘이 함께 인생을 가지고 놀아보자고 한다. 때로 눈물이 날 때도, 한숨이 터져 나올 때도, 낡은 옷을 입어야만 할 때도, 추운 겨울에도, 심지어 죽음까지도 놀아보자고 제안한다. '삶이 무엇이든, 모든 것과 놀아보자'는 시인의 제안은 우리에게도 달콤하다. 호기심을 가지고, 그 순간에 주어진 것들을 즐기며 산다면 그것이 바로 아름다운 삶이지 않겠는가? 역자 한경민.

p105. 요반 두취치(Jovan Dučić 1871~1943)는 세르비아 모더니즘 시문학을 대표하는 시인이다. 초기에는 세르비아 사실주의 시문학을 대표하는 보이슬라브 일리치의 영향을 받았지만, 이후에는 프랑스의 고답파와 데카당스, 특히 상징주의 시문학의 영향을 받았다. 자신의 시작품 속에서 '가장 완벽한 표현'을 구현하고자 했던 요반 두취치는 시어가 가지는 회화성과 음악성을 최대한 활용하는 시인이었다. 그의 대표작 가운데 하나인 시작품 <일몰(日沒)>에 등장하는 '미지의 여인'은 현실 세계의 사랑하는 여인이 아닌, 완전한 황홀경 속에서 시인이 갈구하는 정신적 흠모의 대상이다. 역자 김상헌.

p107. 세르비아 문학사에서 손꼽히는 천재시인 가운데 한 사람인 라자 코스티치(Laza Kostić 1841~1910)는 낭만주의문학이

보여주는 다양한 스펙트럼을 자신의 작품 전체에 담아낸 작가이다. 하지만 라자 코스티치는 낭만주의문학이라는 경계 안에만 머물지 않았으며, 20세기 전반기의 모더니즘문학의 출현을 예견케 하는 많은 시작품들을 발표했다. 그러한 그의 시작품 가운데 대표적인 것이 바로 <현실과 꿈 사이에>라는 제목의 시이다. 이 시에서 '현실'은 '시작(詩作)'을 의미하며 '꿈'은 시인의 내적 영혼을 의미한다. '시를 짓는다는 것'의 의미를 드러내고 그 과정을 표현하기 위해 라자 코스티치는 고대 그리스신화의 인물인 페넬로페를 상징적으로 등장시킨다. 하지만 남편 오디세우스에 대한 충실한 사랑을 결코 완성되지 않는 자수로써 표현했었던 페넬로페의 지고지순한 사랑을 우리는 간과할 수 없다. 역자 김상헌.

p108. 열다섯 살이 되던 1913년 첫 시 <겨울시(Zimska pjesma)>를 발표했던 안툰 브랑코 쉬미치(Antun Branko Šimić 1898~1925)는 크로아티아의 대표적인 모더니즘 작가인 안툰 구스타브 마토슈(Antun Gustav Matoš)의 시세계를 추종하던 작가였으나, 나중에는 '쉬미치 식의 표현주의 시'를 자유시의 형식으로 개척한 시인으로 알려져 있다. <귀환>은 이미 저 세상으로 떠난 진실했던 한 여인에 대한 사랑의 감정을 담고 있는데, '검은 그림자'로 묘사되고 있는 여인을 향한 시적 자아의 사랑은 죽음보다 훨씬 더 강렬한 것이다. 비단 이 시를 통해서가 아니라, 우리는 '사랑'이 삶과 죽음의 경계를 허물어뜨리는 강력한 힘을 지니고 있다는 사실을 잘 알고 있다.

역자 김상헌.

p109. 타라스 쉐브첸코(Taras Shevchenko 1814~1861)는 우크라이나의 민족 정체성을 수립하는데 크게 기여한 시인이자, 작가, 화가, 인문학자였다. 그의 가장 큰 업적은 우크라이나어를 문학어의 수준으로 높이고, 우크라이나 문학의 토대를 이룩한 것으로 평가받는다. 1847년에 출판된 이 시는 우크라이나 시와 민속에서 자주 등장하는 상징인 별(зоря)을 이용해 우크라이나 자연의 아름다움을 보여줄 뿐만 아니라, 멀리 유배지에서 조국을 걱정하는 애절한 마음을 잘 표현했다. 역자 홍석우.

p111. 1847년에 소개된 이 시에서 타라스 쉐브첸코(Taras Shevchenko 1814~1861)는 어느 봄날 저녁 우크라이나 농가의 평화로운 모습을 아름답게 그렸다. 일과를 마무리하는 농가의 저녁 풍경과 더불어, 딸을 훈육하려는 어머니의 모습과 젊음을 발산하고 싶어 하는 처녀들의 모습이 대조적으로 묘사되고 있다. 역자 홍석우.

p112. 이반 프랑코(Ivan Franko 1856~1916)는 서부 우크라이나에서 주로 활동하던 시인, 작가, 사회-문학비평가, 철학자, 정치활동가였다. 그는 타라스 쉐브첸코와 함께 현대 우크라이나 문학과 정치사상의 발전에 지대한 영향을 미쳤다. 1896년에 출판된 이 시는 내적 갈등과 정신적 고뇌를 반영한 주인

공의 독백이라 볼 수 있다. 절망적으로 소녀를 사랑하는 청년은 사랑에서 고통을 느끼며, 자신에게 감정이 없는 그녀의 마음을 빼기를 간절히 소망하고 있다. 역자 홍석우.

p115. 레샤 우크라인카(Lesya Ukrainka 1871~1913)는 20세기 초 우크라이나를 대표하는 여류문학가로 시인이자 극작가, 페미니스트로 활동했다. 레샤 우크라인카(필명)는 러시아 짜리즘에 반대했으며, 마르크스 조직의 멤버기도 했다. 여기 소개한 '마브카의 질문'은 1912년 그녀가 출간한 '숲속의 노래'라는 제목의 3막 극 작품에 나오는 마브카의 시(대사)로서 나무와 같은 자연의 대상을 인간에 비유하여 슬픔, 두려움, 과시 등의 감정을 가진 존재로 묘사하고 있다. 역자 홍석우.

p117. 블로디미르 소슈라(Volodymyr Sosiura 1898~1965)는 돈바스 지역 출신의 서정 시인으로 러시아 내전(1918~20)시 우크라이나 민족군(UNA)의 일원으로 참여하기도 했다. 소비에트시기 공산 당원이었지만, 그는 항상 민족주의 성향이 강했다. 우크라이나 유로마 이단혁명 때 그의 시 <우크라이나를 사랑하라(Любіть Україну)>는 많은 이들의 사랑을 다시 받았다. <마리아에게>는 1931년 자신의 동반자인 마리아에게 헌정된 시로써 자신의 사랑은 태양보다 뜨겁고 밝으며, 꽃향기보다 강렬하며, 어떠한 유혹에도 변함없을 것이라고 서정적으로 묘사하고 있다. 역자 홍석우.

p119. 이 시는 콘스탄티노스 카파피스(Konstantinos Kavafis 1863~1933)의 초기 시 중 낭만주의가 강하게 드러난 시이다. 시인은 사랑에 빠진 여느 사람과 마찬가지로 사랑하는 이의 곁에 늘 있고 싶어 한다. 강한 기쁨의 감정에 둘러싸인 시인의 주변은 완전히 다른 세상이 된다. 원어 시에서 시인은 각 행의 끝 a로 통일하여 압운을 형성하였다. 역자 김혜진.

p120. 콘스탄티노스 카바피스(Konstantinos Kavafis 1863~1933)는 그만의 서술 방식으로 사랑의 다양성을 직접적으로 이야기하는 대신, 기억을 통해 암시적으로 표현한다. 따라서 그 무게는 그 자체로 개인의 기억이나, 향수적 상상력, 개인적 경험에서 오는 감동, 때로 부재의 혼란스러운 감정 내지는 사랑하는 이와의 영원한 이별로 옮겨가게 된다. 역자 김혜진.

p121. 코스타스 우라니스(Κώστας Ουράνης 1890~1953)의 <연서>는 사랑이 주는 좋은 것들에 만속하며 지금의 사랑이 영원히 그대로 머물기를 간절히 바라면서도 혹여 그 사랑이 떠날까 염려하는 마음이 담겨있다. 이 사랑이 떠나면 죽음을 택하겠다는 극단적인 감정표출을 통해 삶에 있어 사랑이 중요한 요소임을 보여준다. 역자 김혜진.

p123. 정형시인 <사랑>은 압운(押韻)중 각운을 사용하면서 소네트의 형식을 따르고 있다. 반복되는 '사랑을 기다릴 필요가 없네'라는 시구를 통해 사랑이 오는 것은 정해진 것이

아니며 사람의 손에 달린 것도 아니라는 것을 강조한다. 누군가를 기다릴 때, 그 기다림의 끝이 올 것이라는 희망을 가지고 길을 바라보는 인간의 습성을 나타내는 '죽은 길을 응시한다.'는 표현에서 '죽은 길'은 아무도 다니지 않는 길을 의미한다. 역자 김혜진

p125. 그리스에서 고1 현대문학 시간에 배우는 작품인 코스타스 카리오타키스(Κώστας Καρυωτάκης 1896~1928) <사랑>의 원문은 정형시의 형태를 띠고 있다. 3행과 4행에서는 의인화를 사용하였다. 4행의 '수선화'는 고대부터 애도와 추모를 뜻하는 꽃으로 죽음을 상징한다. 시 전반의 흐름을 통해 시인의 감정이 부정에서 긍정으로 변해 감을 알 수 있다. 역자 김혜진.

p126. 마리아 폴리두리(Μαρία Πολυδούρη 1902~1930)는 사랑의 감정을 시에 담으며 사랑하는 이에 대한 온화함을 표현한다. <당신 곁에서>는 시적 대상을 2인칭인 '당신'으로 설정함으로써 이 시가 누군가를 향한 사랑의 노래임을 보여준다. 1연 3행에서 은유적 표현으로 사용된 '물레'는 사랑에 빠진 두 사람의 생각이 편안하게 하나가 되는 것을 의미한다. 전반적으로 곁에서 부드럽게 속삭이는 듯한 느낌을 주는 시상의 흐름이 이 작품의 특징이다. 역자 김혜진.

p127. 펜초 슬라베이코브(Пенчо Славейков 1866~1912)는 불가

리아 모더니스트 시인 중 한 명이다. 유럽의 많은 시작 전통을 불가리아에 도입함과 동시에, 그는 불가리아 민족 정서를 살리고자 많은 시도를 하였다. <영원히 함께>는 서사적 성격을 갖고 있으며, 불가리아 전설에 기반을 둔 사랑 시이다. 역자 김원회.

p130. 페요 야보로프(Пейо Яворов 1878~1914)는 불가리아 상징 시인이다. 불가리아에서 가장 아름다운 서정시를 창작한 시인인 그의 시어는 아주 감미로우면서도 사라져가는 정염까지도 표현하는 감성을 나타낸다. 이 시에는 참을 수 없는 사랑의 감정으로 행복뿐만 아니라 둘 사이의 불행까지도 묵도해야 하는 한 힘없는 사랑꾼의 이야기를 담고 있다. 이 시는 시인이 미나(Mina)라는 여인을 사랑한 감성을 그대로 녹인 작품이다. 당시 시인은 28세, 미나는 16세에 불과한 어린 소녀였다고 한다. 역자 김원회.

p132. <어여쁜 두 눈>은 불가리아에서 가장 유명하고 사랑받는 시 중 하나이다. 시인 페요 야보로프(Пейо Яворов 1878~1914)는 이 시를 자신의 연인인 미나에게 헌정하였다. 사랑하는 여인의 눈동자에는 아이의 눈에서만 볼 수 있는 순수의 결정체가 보인다는 단상이다. 시인에게 이 눈빛은 심상의 거울인 것이다. 시의 형식 자체도 거울과 같은 미러(mirror) 형식을 띠고 있어서 흥미롭다. 역자 김원회.

p134. 딤쵸 데벨랴노프(Димчо Дебелянов 1887~1916)는 자신의 서정시로 유명한 불가리아 모더니스트 시인이다. 그의 시는 매력적인 운율을 가진, 이것은 리듬과 운율 배열에 있어서 시인의 타고난 재능을 보여주는 단적인 예이다. 시인은 두 번의 전쟁에 참여했다. 대부분의 그의 시는 전장의 전선에서 쓰여진 것이고, 결국 젊은 시인은 그곳에서 생을 마감한다. 그의 시들은 유작 시들로서 명성을 얻기 시작했다. 역자 김원회.

p135. 딤쵸 데벨랴노프(1887~1916) 시인의 <널 그대로 기억하고 싶어>는 불가리아에서 가장 유명한 서정시이다. 이 시에는 사랑하는 여인에 대한 사랑의 깊은 감정이 녹아있으면서도 이루어질 수 없는 사랑에 대한 회한도 담겨있다. 시행에는 사랑하려는 힘과 희망을 잃은 두 사랑하는 남녀의 감성이 고스란히 담겨있다. 그 위로 어둠과 구름이 담기는 영상... 그것들 위로, 단지 그의 사랑만이 추억으로서 남게 된다는 슬픔 감성을 느낄 수 있다. 역자 김원회.

p137. <낙엽>이라는 시에는 시인이 사랑으로 숭배하는 여인에 대한 서정적 사랑의 감성이 그대로 녹아있다. 그녀라는 존재는 시인의 가슴에 사랑의 빛을 비추고, 그의 영혼에 꽃을 피우게 한다. 그는 자기 앞에서 무릎 굶고, 그녀의 다리에 꽃을 바치고, 그녀가 기뻐하기를 바라지만, 결코 그녀는 소유하려 하지 않는다. 그녀는 너무도 순수하고, 밝고 완벽해서 감

히 그녀를 내가 갖는다는 것은 상상도 할 수 없다고 시인은 말한다. 아마도 다른 누군가가 그녀가 더 행복하게 할 수 있다고 믿는다. 불가리아 시인 흐리스토 스미르넨스키(Христо Смирненски 1898~1923)는 서정시보다는 사회 참여시로 더 유명한 시인이다. 시어로서 자신의 상징성을 극대화 할 수 있는 방법을 항상 모색한 시인이다. 폐결핵으로 이른 나이에 요절한 시인은 불가리아 시 사에 커다란 발자국을 남겼다. 역자 김원회.

p140. 사랑은 사라지지 않는다. 죽음마저도 시인의 자신의 아내에 대한 사랑을 가르지 못했다. 이 시에서 보이는 시인 니콜라 바프짜로프(Никола Вапцаров 1909~1942)의 사랑에 대한 감성은 시인이 평소에 보여주던 사회와 인간에 대한 참여시적 경향과는 정반대로 대치되는 모습이고, 시어이다. 시인은 당시로써는 용인되지 않았던 공산당의 조력자였고, 극우정부의 극심한 탄압을 받던 시인이었다. 1942년 경찰에 의해 체포되었고, 총살형에 처해진다. 이 시는 시인이 총살형을 당하기 몇 시간 전에 쓰인 시이다. 그의 정치적 입장과 행동이 불가리아 사회의 격변에 여러 다른 평가를 받고 있기는 하지만, 그의 시적 재능과 인간에 대한 사랑은 사람들로부터 항상 많은 사랑을 받고 있다. 역자 김원회.

p141. 무야카 빈 하지(Muyaka bin Hajji 1776~1840)는 19세기 무렵 동아프리카 해안의 도시국가였던 몸바사에서 활동한

시인이자 정치가다. 이전 시대의 스와힐리 고전 시, 특히 아랍 문자로 기록되어 현재까지 전해지는 작품들이 주로 종교적인 주제를 다룬 서사시인 우텐지(utenzi) 형식이었으나, 무야카는 개인의 감정을 드러내는 서정시, 즉 샤이리(shairi) 형식을 확립시킨 시인이라 할 수 있다. 이 시는 그가 사랑에 관해 남긴 서정시 중 한 편으로서 사랑의 위험에 대한 경고의 의미를 담고 있다. 역자 박정경.

p142. <나의 작은 배>는 먼저 세상을 떠난 첫 번째 아내에 대한 무야카(Muyaka bin Hajji 1776~1840)의 그리움이 잘 나타난 시다. 이 시에서 '작은 배'는 시인의 아내를 의미한다. 쾌활한 아내와 보낸 즐거운 추억은 흥겨운 뱃놀이에, 세상의 고초를 함께 헤쳐나간 경험은 거친 바다로의 항해에 비유되고 있다. 무야카가 활동한 시기에 잔지바르와 몸바사 간 전쟁이 있었다. 각 연의 마지막 행에 반복되는 후렴에서 전란의 위기를 잘 버텼던 아내를 잃은 시인의 슬픔이 묻어난다. 역자 박정경.

p143. 이 시에서는 사랑에 빠진 남성이 상대 여성의 관심을 호소하고 있다. 시의 화자는 자신의 마음을 전해줄 사람을 다그치는 방식으로 상대 여성에 대한 절절한 사랑의 감정을 표현하고 있다. 역자 박정경.

p144. 샤반 로버트(Shaaban Robert 1909~1962)는 스와힐리문학

사에 길이 남을 거장이다. 스와힐리 고전과 현대문학의 연결고리로 여겨지는 샤반은 소설, 자서전, 전기, 수필 등 새로운 형식의 산문을 시도함으로써 스와힐리 현대문학의 기틀을 마련했고, 전통적인 형식의 시를 발표함으로써 스와힐리 고전문학의 전통을 이어나가기도 했다. <아미나>는 스와힐리 서정시인 샤이리 형식의 시로서 그의 자서전에 수록되어 있다. 이 시에는 사랑하는 아내 아미나를 먼저 떠나보낸 슬픔과 종교적 신념을 바탕으로 그녀의 영면을 기원하는 샤반의 마음이 나타나고 있다. 역자 박정경.

동양어권 1

p149. 이 작품은 승려, 시인, 독립 운동가였던 한용운(1879~1944) 시에서 흔히 볼 수 있는 역설의 시법을 통해 사랑의 극치를 보여준다. 화자는 말한다, 당신에 대한 사랑과 그리움으로 주름살이 잡히고 늙는데 그런 건 아무것도 아니다, 그뿐만 아니라 죽음까지라도 당신 때문이라면 받아들이겠다고. 화자는 나아가 생명이든 죽음이든 모든 것을 당신 뜻에 맡긴 나는 곧 당신이 되는 합일을 추구한다. 역자 신주철.

p150. 민족 시인으로 일컬어지는 김소월(1902~1934)의 이 작품에서 화자는 어제도 오늘도 당신을 그리워하며 기다린다. 조금씩 지치고 체념이 생기고, 먼 훗날에는 당신을 잊을 수도 있을까 봐 두렵다. 그래도 화자는 끝까지 말한다, 매일 새로운 오늘이기에 먼 후일은 현재가 될 수 없다고, 나는 '오늘도' 당신을 아니 잊고 기다린다고. 결국 화자는 당신을 잊을 거라고 한 훗날을 계속 미루며 매일 새로 시작되는 오늘 앞에서 사랑하는 이를 간절히 기다리고 있다. 역자 신주철.

p151. 섬세한 이미지를 구사하고 언어 조탁에 심혈을 기울였던 시인 정지용(1902~1950)의 역량을 보여주는, 누군가에 대한 그리움을 이렇게 간명하게 표현하기가 쉽지 않을 듯한 작품이다. 네가 너무 보고 싶어 눈에 어른거리고 화자는 그것

을 손바닥으로 가려본다. 하지만 그리워하는 마음은 호수만큼 커서 손바닥으로 가릴 수 없으니 눈을 감을 수밖에 없다. 눈을 감는다고 그리움이 사라질까? 그렇지 않고 눈 속의 호수가 출렁이고 반짝이며 화자의 그리움은 더욱 부풀 듯하다. 역자 신주철.

p152. 작자 김영랑(1903~1950)은 전남 강진 출생으로 1930년 박용철, 정지용 등과 함께 『시문학』을 간행하고 순수 서정시 운동을 주도하며 우리말의 아름다움을 가꾸는 데 힘썼다. 앞 작품을 보면, 우리는 자신의 마음을 스스로처럼 알아줄 사람을 찾곤 한다. 시의 화자도 자신의 티끌과 눈물까지 나눌 수 있는 사랑을 갈망한다. 하지만 현재 불 붙은 사랑은 내 마음을 모르는 듯하다. 자신의 모든 것을 진정으로 나눌 수 있는 사랑은 결국 꿈에서나 가능한 것일까. 역자 신주철.

p153. 작자 변영로(1898~1961)는 1920년 《폐허》 동인으로 문단에 나왔는데 1924년 발간과 동시에 일제의 검열에 걸려 판매금지 처분을 받은 민족적 울분을 노래한 시집 『조선의 마음』을 내놓았다. 유려한 가락과 아름다운 서정, 기지와 수사의 구사에 재능을 보였던 시인은, 앞 작품에서 한때 그윽한 사랑을 나누었던 그대가 이제 다시 못 볼 곳으로 가버린 상황을 보여준다. 화자는 혹여 꿈에서나 그대를 만나볼까 기대하지만 그 꿈조차 흔들리는 안타까움을 노래한다. 역자 신주철.

p154. 1935년 2월 시 전문잡지 『시원(詩苑)』을 창간하여 한국 근대시의 발전을 도모했던 오일도(1901~1946)는 1925년 『조선문단(朝鮮文壇)』 4호에 시<한가람 백사장에서>를 발표하며 작품 활동을 시작했다. 그는 대체로 애상의 정서를 영탄조로 드러내는 우울한 서정을 노래하는 작품을 남겼는데, 앞 작품의 청춘 화자는 조락의 계절인 가을의 애수 가운데 인생무상을 느끼며 사랑과 청춘의 지속을 갈망한다. 역자 신주철.

p155. 허난설헌(1563~1589)은 조선 중기의 시인, 화가로 『홍길동전』의 작가 허균의 누나로 어려서부터 뛰어난 시적 재능을 보였다. 15세에 결혼하여 불행한 생활을 하다 27세로 요절하였는데 사후 허균의 노력으로 중국에서 『난설헌집』이 간행되어 극찬을 받고 중국과 일본에까지 알려졌다. 작품의 화자 여인은 투명한 가을 날 임과 연밭에서 만나기로 한 터라 미리 와서 긴 연대 사이에 배를 매어 두고 설레며 기다린다. 마침내 임이 나타나자 '저 여기 있어요'라는 뜻으로 연밥을 따서 던지고는 혹시나 누가 봤을까봐 반나절이나 부끄러워한다. 역자 신주철.

p156. 1764년 제주도를 탐방한 후 그곳의 풍토와 산천, 새와 짐승, 항해 상황 등을 적은 『부해록(浮海錄)』을 남긴 바 있는 작자 신광수(1712~1775)는 서예와 시에 능한 것으로 명성을 떨쳤다. 앞 작품은 관찰자 화자의 눈을 통해 목화밭에 나온 여인이 마침 지나가던 남성과 내외하는 모습을 보여준다. 그

런데 그 곁에서 암컷, 수컷의 개가 서로를 희롱하면서 짝이 되는데 그것을 보는 여인이 괜스레 심하게 부끄러워진다. 역자 신주철.

p157. 황진이(16세기 초·중기)는 조선 중기의 기녀로 시·서·가·무에 능해 당대 최고의 유명세를 탔고 서경덕, 박연폭포와 함께 송도3절이라 불렸다. 중종 때 황씨 성을 가진 진사의 서녀(庶女)로 개성에서 태어났다고 알려져 있는데 신분의 특성상 그의 이름과 행적은 여러 야사를 통해 전해온다. 작품의 화자는 현실에서 이루지 못하는 상황을 꿈을 매개로 해서라도 이루려는 마음을 표현하고 있다. 역자 신주철.

p158. 중국 저장성(浙江省) 하이닝(海寧) 출생의 쉬즈모(徐志摩 1896~1931)는 '중국의 바이런'으로 불리는 최고의 낭만시인이다. 베이징대학교에서 배우고, 미국과 영국에 유학하고 귀국하여 내학에 교편을 삽으며 많은 작품을 남겼다. 사랑, 자유, 아름다움, 고뇌와 실망, 삶의 우수를 시로 노래했다. 1931년 린후이인을 만나러 가다 비운의 비행기 사고로 요절했다. 영국 캠브리지 체류 당시 연하의 린후이인을 만났고, 이루지 못한 사랑에 빠진 심경을 <우연>으로 전했다. 천치우시아(陳秋霞)등 여러 가수들이 이 가사를 노래했다. 역자 나민구.

p159. 린후이인(林徽因 1904~1955)은 중국 항저우 출신으로 미국 펜실베니아 주립대학을 나온 중국 최초의 여성건축학자

이며 일대재녀로 불렸던 지식인이다. 신월파의 멤버로서 반봉건, 민주를 추구하고 새로운 격률시를 제창하였다. 쉬즈모를 영국 캠브리지에서 만난 이후 열렬히 사랑했지만 결국 받아주지 못했다. 이 시는 그가 비행기 사고로 죽자 이듬해에 쓴, <우연>에 대한 답장이자 송시이다. 메아리(후이인)와 작가 이름(후이인)의 중국어 원어 발음을 같게 한 중의법을 사용하여 쉬즈모에 사랑을 강조하였다. 역자 나민구.

p160. 쑤똥뽀(苏轼, 东坡 1037-1101)는 중국 북송시대 시인, 당송팔대가. 철학적 요소가 짙은 새로운 시의 경지를 개척함. 대표작인 <적벽부(赤壁賦)>는 불후의 명작으로 널리 애창되고 있다. 이 시는 달을 보면서 임을 그리워함과 동시에 인간사에 대한 통찰을 표현하고 있다. "인간에겐 슬픔과 기쁨, 만남과 이별이 있고, 달은 어둡고 밝고, 둥글고 모자람이 있다"라는 구절은 매우 유명하다. 이 가사로 1983년에 떵리쥔(邓丽君 1953-1995)이 이후 왕페이(王菲 1969~)가 노래를 불렀다. 역자 나민구.

p162. 쩡쭈오(曾卓 1922~)는 중국의 고난 시기를 사랑의 힘으로 극복하고자 노력했던 시인. 눈물겹고 험난한 사랑의 노래를 통해 불행한 시대를 겪은 사람들의 마음속 찢긴 상처를 어루만져주었다. 또 그런 와중에 찾아온 광명과 삶의 보람을 기뻐했다. 이 시는 배고프고 목마르고 술 고팠던 시기에 갑자기 그에게 호감을 표시한 여자 친구에게 묻는 다짐이다.

역자 나민구.

p163. 대만의 현대작가, 위꽝쭝(余光中 1928~)은 <오른손으로 시를 왼손을 산문을> 쓴 다산의 작가로서 인구에 회자되는 유명한 작품을 많이 남기고 있다. <더블베드>는 찬사와 혹평을 동시에 받은 가장 성공한 애정시로 평가받는다. 사랑과 전쟁을 육체적, 성적 암시를 통해 비교함으로써 생명이 전쟁 속에서 원초적으로 아름답게 승화하는 과정을 에로틱하게 표현하였다. 역자 나민구.

p165. 한시(漢詩)에 대칭되는 신라 향가(鄕歌)의 시대에 일본은 가요집 『만엽집(萬葉集, 8세기 중)』이 있다. 위에 인용한 노래는 주제별로 편찬한 이 가집 중에 일련번호 2285번으로, 제10권의 <가을·연애(秋·相聞)>편에 수록된 5·7·5·7·7조의 단가(短歌)다(秋萩の 花野のすすき 穂には出でず / 我が恋ひ渡る 隠り妻はも // 秋芽子之 花野乃為酢寸 穂庭不出 吾恋度 隠嬬波母). 일찍이 계절별로 사랑의 노래를 모아두었다는 데서 일본인의 자연관의 단서를 찾을 수 있다. 이 시의 내용은 '처용가(處容歌)'를 연상시키는 남녀상열지사(男女相悅之詞)인데, 싸리꽃이 만발한 가을 들녘에 이삭 안 나온 갈대에 빗대어 숨겨둔 연인과 남몰래 하는 사랑이 이어져가기를 애틋하게 노래한다. 작게 많이 모여 피는 싸리꽃은 『만엽집』에서 가장 많이 읊은 식물이다. 역자 최재철.

p166. 『고금와카집(古今和歌集, 10세기 초)』 635번 노래로, 제13권 <사랑의 노래(恋歌3)>편에 수록된 5·7·5·7·7 음수율의 와카(和歌; '일본의 노래')다. (秋の夜も名のみなりけり逢ふといへば / ことぞともなく明けぬるものを) 당대 최고의 여류 시인 오노노 코마치(小野小町)의 노래로, 여인의 정염을 솔직하고 직설적으로 토로하여, 길다고 하는 가을밤을 새워 가며 사랑을 나누어도 짧기만 하다는 아쉬움이 절절하게 전달된다. 역자 최재철.

p167. 시마자키 도손(島崎藤村 1872~1943)은 시인 소설가 수필가다. 최초의 근대 시집 『새싹집(若菜集, 1897)』을 발표하여 낭만주의 시인으로 화려하게 등장한 후, 시적 산문·수필을 거쳐, 소설 『파계(破戒, 1906)』를 발표, 자연주의의 대표적 작가가 된다. 위 <첫사랑(初恋)>은 후일 『도손시집(藤村詩集, 1904)』에도 수록, 애송되고 있으며, 풋풋한 사랑을 노래한 7·5조의 시로 유명하다. 청춘 남녀의 청순한 사랑이 싹튼 첫 순간을 '갓 올린 머리'와 '꽃 비녀' '연분홍 사과' '능금나무 아래 오솔길' 등 로맨틱한 색감과 언어로 선명하게 각인한다. 첫사랑에 대한 동경을 고전 시가와 달리 참신한 리듬과 언어에 담아 당시 청년들에게 생동감을 불어넣었고, 근대 번역어 '낭만(roman-ろうまん-浪漫)' 이라는 신조어가 정착하는데 결정적인 분위기를 조성한 시다. 역자 최재철.

p168. 일본 근대초기의 대표적 여류 단가(短歌)시인 요사노 아키코(与謝野晶子 1878~1942)는 낭만주의를 주창한 문예잡지 『명성(明星)』에서 활약했다. 위의 시는 처녀 가집 『헝클어진 머리(みだれ髪, 1901년)』의 <연지 보라(臙脂紫)>편에 수록된 단가다. (乳ふさおさえ神秘のとばりそとけりぬ / ここなる花の紅ぞ濃き) 스스로의 연애 체험을 바탕에 두고 근대 여성의 정열과 관능을 대담하게 노래하고 있는데, 농염한 핑크빛 꽃다운 유방을 감싸 안고 이제 신비의 커튼을 살그머니 열고 들어서려는 처녀의 두근거림이 들리는 듯하다. 단가 시인 타와라 마치(俵万智)는 이 시를, '유방 감싸 안고 신비의 베일을 살짝 차네 / 그때 나는 분홍 꽃잎' 이라고 현대 일본어로 번역했다(『초코레트어역 헝클어진 머리(チョコレート語訳 みだれ髪 1989)』). 역자 최재철.

p169. 일본 근대 계몽기의 대표적 지식인 작가 모리 오가이(森鷗外 1862~1922)가 군의(軍醫)부장으로 러일전쟁 참전 시에 지은 『시로 쓴 일기(うた日記, 1905)』 중, <꿈인지 생시인지(1904.10.3.)>다. 만주 벌판의 전장에서 잠시 휴식 중 선잠 자다가, 고국 도쿄(東京)에 두고 온 자식과 어머니를 꿈속에서 해후하는 장면을 그린 시다. 전쟁이라는 극한 상황에서 가족애와 그리움을 표현하고 있는데, 제5연의 마지막 3행에서 다시 현실로 돌아오는 장면은 극적이다. 소리와 색깔의 배경과 대사를 적절히 구사하며 꿈과 현실의 중첩 효과를 배가시키고 있다. 역자 최재철.

p171. 무로 사이세이(室生犀星 1889~1962)는 카나자와(金沢)시 출생으로 유년시절 절의 주지에게 입양되었고, 망향의 시 <소경이정(小景異情 二)>으로 널리 알려졌다. 시집 『서정소곡집(抒情小曲集, 1918)』과 『외로운 도회(寂しき都会)』, 『고려의 꽃(高麗の花)』 등이 있다.<간절한 생각을 알려>는 시집 『학』의 권두시로, 카루이자와(軽井沢) 시비(詩碑)에 새겨진 시다. 안이한 시 창작 생활에 대한 문우들의 비판을 의식하고, 일시 주변에 신경 쓰면서 안주하던 '협소한 삶의 황량함'을 떨쳐내고 본연의 사이세이 다운 모습을 찾고자 하는 자기 자신에 대한 도전 정신을 보여준다. '반짝이는 무지개와 꽃'을 염원하면서 '격렬하게 살고자 하는 결의'의 표현이 '얼어붙은 얼음과 검속의 열정'이며 그러한 생의 '간절함'을 사랑하는 시다. 역자 최재철.

동양어권 2

p175. 인도네시아 '45세대 문학'의 선구자 하이릴 안와르(Chairil Anwar 1922~1949)의 시로 넓지도 않은 정원이지만 두 연인이 만족하고 사랑을 이루어나간다는 것이 표면적인 메시지이다. 넓지 않은 정원이라는 것은 결국 물질적인 것 등 외적인 요인이 사랑을 지배해서는 안 된다는 상징이 있다. 역자 고영훈.

p176. 조국에 대한 사랑을 노래한 시이다. 무하맏 야민(Muhammad Yamin 1903~1962)은 정치가 출신의 시인인데 자신의 정치적인 이상을 시로 표현했다. 조국을 사랑하고 국가를 통합하는 데 있어서 국어가 중요함을 표현한 시이다. 역자 고영훈.

p178. 아흐마드 샤우끼(1932~1868 أحمد شوقي)는 이집트 카이로에서 태어난 위대한 근대 시인이다. 아랍시의 전통을 계승하되 새로운 시를 확립하는 데 크게 이바지함으로써 '아랍시의 왕자'라는 칭호를 받았다. 이 작품은 여인의 교태와 그녀를 애타게 따르는 남성의 욕구를 대비함으로써 사랑이 지닌 밀고 당기기의 한 단면을 보여준다. 또한 지팡이로 지시되는 전통적인 도덕과 개인의 자아가 충돌하는 근대 아랍 사회의 특징도 드러난다. 시인에게 여인의 변덕은 신이 그녀를 위해 창

조한 운명적인 무기이다. 역자 박재원.

p179. 이브라힘 나지(1953~1898 إبراهيم ناجي)는 이집트 카이로에서 태어난 낭만주의 시인이다. 의사로 일하면서 많은 작품을 내지는 않았으나 서정성 높은 청아한 시로 이집트인들의 각별한 사랑을 받았다. 이 시는 연인으로부터 버림받았지만 끝내 포기할 수 없는 남성의 내면을 표현한다. 이미 죽어버린 세월과 시와 심장이 아직 죽은 게 아니라며, 어서 일어나 여인에게 가서 순정을 전해달라는 시인의 애원에서 그녀를 향한 간절한 사랑이 묻어난다. 역자 박재원.

p180. 아부 알까심 알샤비(1934~1909 أبو القاسم الشابي)는 튀니지에서 샤리아 판사의 아들로 태어났다. 아버지를 여읜 후 집안을 이끌다가 쇠약해져 25세의 나이로 요절하였다. 그의 작품들은 생활고와 병마에 시달리면서도 생을 향한 강한 의지를 버리지 않는 시인의 모습을 담고 있다. 이 시는 사랑을 삶과 죽음, 빛과 어둠이라는 상반된 요소가 공존하는 복합체로 파악하고, 그러면서도 사랑이야말로 자신을 구원해 줄 단 하나의 치료약이라 믿는 시인의 소망을 표현한다. 역자 박재원.

p181. 일리야 아부 마디(1957~1890 إيليا أبو ماضي)는 레바논 태생의 시인. 11세 때 오토만 정부의 압제를 피해 이집트 알렉산드리아로 이주한 후 신문팔이, 담배 가게 점원 등 잡다한 호구지책을 경험하면서 독학으로 아랍어와 시작법을 익혔다. 시인은 20세 때 미국으로 건너가 칼릴 지브란 등과 함께 이른바 북미 이주지문학(移住地文學)을 이끌었다. 위 시에서 새파

란 낙엽은 시인 자신이다. 시인은 아직 어린 잎 속에서 죽음의 유령을 보면서 자신도 비록 젊지만 사랑이 이루어지지 않으면 죽을 것 같다고 말한다. 역자 박재원.

p183. 아남(`Anam)은 아라비아 반도에 자생하는 기생식물이며, 그 빨갛고 길쭉한 꽃은 아랍 시의 전통에서 여인의 아름다운 손가락을 비유하는 데 사용된다. 위 시에서 여성은 모호한 태도로 남성을 애태우는 존재이다. 시의 마지막 두 행은 장미 잎을 하나씩 떼어가며 '그가 사랑한다', '아니다'를 번갈아 말하면서 마지막 잎의 결과로 애정을 점치려는 여인의 흔들리는 마음을 표현한다. 역자 박재원.

p184. <쿤창쿤팬>은 태국의 설화에서 구전으로 전승되어 라마2세(1767~1824) 때 기록되기 시작한 태국의 대표적 고전운문문학이다. 남자주인공인 '쿤창'과 '쿤팬', 그리고 여주인공인 '완텅'의 삼각관계를 중심으로 하여 여러 등장인물 간의 사랑과 갈등을 다룬 작품이다. 본 대목은 쿤창의 모략으로 자신의 부인인 완텅을 빼앗긴 쿤팬이 한밤중에 쿤창의 집으로 숨어 들어가, 마치 자신과의 과거를 모두 잊은 듯 잠들어 있는 완텅의 모습을 보고 질투심에 책망하는 대목이다. 마지막 줄에 등장하는 '빈랑'은 씹으면 처음에는 쓴 맛이 나다가 씹을수록 단 맛이 더해지기 때문에, 씹던 빈랑을 뱉어 주는 것은 지극한 사랑을 비유적으로 보여준다. 역자 박경은.

p185. 유네스코가 선정한 위대한 세계 시인이자 태국인들이 가장 사랑하는 시인 중 한 명인 쑨턴푸(1786~1855)의 대표작 <프라아파이마니>는 저작에 20년 이상이 걸린 방대한 분량의 운문서사문학이다. 문학성과 대중성에 있어 모두 높은 평가를 받는 태국 고전문학의 백미 중 하나로 꼽힌다. 왕자로 태어났으나 국가 통치에 도움이 안 되는 피리 연주를 배웠다는 이유로 왕의 노여움을 사 나라에서 쫓겨난 주인공 프라아파이마니의 모험담을 그리고 있다. 본 대목은 프라아파이마니가 랑까 왕국의 공주인 라웽에게 구애를 하며 사랑에 대한 자신의 굳은 의지를 자연물에 빗대어 표현하고 있다. 역자 박경은.

p186. 인도네시아 자바(Java)의 토착 문학인 <Panji Story(빤지 이야기)>에서 전승된 <이나오>는 태국 문학의 걸작으로 일컬어진다. 주인공 '이나오'의 모험과 사랑을 다룬 이야기로 태국에는 아유타야 시대 후기에 전래되었다. 이후 라마 2세(1767~1824)에 의해 궁중 무용극 대본으로 저술되어 문학으로뿐 아니라 공연예술로도 예술성과 대중성을 인정받아 널리 사랑 받아왔다. 얼굴도 모르는 이웃나라 공주 '부싸바'를 정혼자로 둔 주인공 '이나오'는 만야국(國)의 '찐따라' 공주와 사랑에 빠져 부모를 거역하고 도망쳐 그녀를 아내로 맞는다. 그런데 후에 부싸바 공주를 보고는 첫눈에 반해 온갖 시련을 이겨내고 결국 부싸바와 사랑을 이루게 된다. 부모도 나라도 버릴 정도로 자신을 사랑했던 이나오가 부싸바에게 마음을

빼앗겨 자신을 떠난 것에 상심한 찐따라 공주가, 사랑을 이미 흘러가버려 돌아오지 않는 물에 비유하며 이나오를 책망하는 대목이다. 역자 박경은.

p187. 인도의 극작가 칼리다사가 쓴 <샤쿤탈라>를 태국 무용극으로 번역·개작한 라마6세(1880~1925)의 저작이다. 숲 속의 은자 위싸와밋과 선녀 메나까 사이에서 태어난 천녀(天女) 싸꾼따라는 선인(仙人)에게 거두어져 자란다. 아름다운 여인으로 성장한 싸꾼따라는 사냥을 하다가 숲 속 은둔처까지 오게 된 왕 투싸얀과 사랑에 빠지고, 그 증표로 반지를 받는다. 이후 저주로 자신을 잊은 왕을 찾아가 여러 장애를 이겨내고 결국 사랑을 이루는 이야기다. 싸꾼따라는 아름다운 여인의 대명사로 여겨지기도 하여 여성의 이름으로도 많이 쓰인다. 본 대목은 싸꾼따라의 아름다운 용모를 묘사하는 대목으로 현대문학에서도 여러 차례 인용될 정도로 매우 유명하다. 역자 박경은.

p188. 북부 지방의 설화로, 주인공 '프라러'와 '프라프안', '프라팽' 자매의 비극적 사랑을 담은 리릿 형식의 운문문학이다. 저작 시기 역시 확실치 않으나, 아유타야 초기 또는 중기로 추측된다. 그 줄거리는 셰익스피어의 '로미오와 줄리엣'을 연상시킨다. 용모가 빼어난 '프라러' 왕자에 마음을 빼앗긴 이웃나라 공주 '프라프안'과 '프라팽' 자매는 주술 등 여러 방도를 이용해서 프라러를 자신들의 궁으로 이끌어와 사랑을

이룬다. 하지만 원수지간이었던 두 나라의 관계 때문에, 결국 그들은 모두 전투의 희생양이 되어 죽음에 이르는 비극적 결말에 다다르고, 마침내 원수였던 두 나라는 화해하게 된다. 본 대목은 프라러와 프라프안, 프라팽 자매가 만나 사랑을 나누는 장면을 각종 자연물의 은유를 통해 묘사한 대목으로, 과감하고도 유려한 비유로 손꼽힌다. 역자 박경은.

p189. T.T.Kh는 신시(Thơ mới 新詩 1930~1945)운동에 참여하여 활동하였던 시인의 필명이다. 1937년 9월27일, 하노이에서 출간된 174호 주간지 『토요일의 소설(Tiểu Thuyết Thứ Bẩy)』에 타잉 쩌우(Thanh Châu)의 <산호덩굴꽃>이라는 단편이 실렸고, 이후 이 주간지 편집부에 인편으로 T.T.Kh의 <산호덩굴꽃 빛깔(Hai sắc hoa ty gôn)>이라는 시가 전달되었다. 이 시는 1937년 10월30일 179호 주간지에 실리게 되었고 이 시가 세상에 알려진 후 문학예술계에 선풍적인 반향을 일으켰다. 산호덩굴꽃은 기존과 다른 낭만시의 세계를 열었다고 평을 받는다. 화자가 옛 연인을 그리워하는 마음과 자유롭고 개방적인 사랑을 표현한 시라 할 수 있다. 이 시는 시를 사랑하는 많은 세대에 감동을 주었으며, 노래로 만들어져 많은 세대에 걸쳐 불리고 있다. 역자 전혜경 베트남 비교문학연구회.

p192. 쑤언 지에우(Xuân Diệu 1916~1985)는 1933년부터 신시(Thơ mới, 新時)운동에 적극적으로 가담하고 계승하여 프랑스 시풍에 따른 신시를 꽃피운 대표적인 시인이다. 1938년 그의

처녀시집 『Thơ Thơ(時時)』가 출간되자 프랑스의 상징주의와 낭만주의의 영향을 받은 그의 시는 당시 시단과 독자들에게 충격을 주었다. 당시 베트남문학계에 나타난 쑤언 지에우의 시는 너무나 서구적이었기 때문이다. <말해야만 합니다(Phải nói)>에서 우리가 느낄 수 있듯이 그는 사랑에 대한 본능적 열망을 열렬한 방법으로 묘사하여 감추어진 내면으로부터 벗어나 행복을 추구하고자 하였다. 역자 전혜경 베트남 비교문학연구회.

p194. 응웬 빙(Nguyễn Bính 1918~1966)은 베트남 낭만주의 시인 중 한 명으로 신시(Thơ mới, 新時)운동에 참여하였다. 토속적인 시어와 베트남 향촌의 정서를 담고 있는 시로 유명하다. <相思(Tương Tư)>는 1940년 하노이에서 출판된 그의 시집 『옆으로 발을 헛디디다(Lỡ bước sang ngang)』에 수록되었다. 이 시는 thôn Đoài(西村), thôn Đông(東村), chín nhớ mười mong((열에 아홉 정도로) 간절히 그리워함), giàn giầu(써우 덩굴), hàng cau(줄지은 까우) 등 베트남 까 자오(ca dao : 민요)의 색채가 짙은 시어들을 사용하고 있다. 이중 giầu(구장), cau(빈랑)는 부부의 연을 상징하는 어휘로, 자신의 짝사랑이 결실을 맺길 바라는 화자의 마음을 엿볼 수 있다. 역자 전혜경 베트남 비교문학연구회.

p196. 휘 껀(Huy Cận 1919~2005)은 신시(Thơ mới, 新時)운동에 참여 하였던 시인으로 <흰 옷(Áo trắng)>은 그의 첫 번째 시

집인 『성화(Lửa thiêng, 聖火, 1941)』에 실렸다. 휘 껀이 첫 번째 시집을 준비할 때 문학가 녓 링(Nhất Linh 1906~1963)은 그에게 “흰 옷”을 손으로 가리키며 가장 마음에 든다고 하였다. 이후 휘 껀이 녓 링에게 이 시를 바치면서 “이 시의 감정과 관련된 추억이 있으신가 봐요?”라고 묻자, 녓 링이 비밀스럽게 미소 지으며 “물론! 내 인생에도 흰 옷(흰 아오자이(áo dài)를 입은 여성)이 있지.”라고 답한 일화가 있다. 역자 전혜경 베트남 비교문학연구회.

p198. 쑤언 지에우(Xuân Diệu 1916~1985)는 ‘서정시의 왕자’라고 불리는 베트남을 대표하는 시인 중의 한 사람이다. <해변(Biển)>은 8월 혁명 이후 작가의 특징을 잘 드러낸 사랑의 시이다. 작가는 뀌 년(Quy Nhơn) 해변의 금빛 모래사장을 생각하면서 이 작품을 완성했다고 한다. 정인을 향한 마음을 계속 만날 수밖에 없는 파도와 해변으로 표현하였다. 특히 시에서 ‘입 맞추다’는 표현이 자주 나오는데 이는 종전의 시에서는 볼 수 없었던 다소 직접적인 표현이라는 점을 주목할 필요가 있다. 역자 전혜경 베트남 비교문학연구회.

p200. 영웅, 신 중심의 산스크리트어 주류 문학과 다른 남녀 간의 세속적인 사랑을 노래한 단연 시들이 기원후 7-8세기에 나온다. 이런 시 흐름의 대표적 시인이 아마루(Amaru 7세기 또는 8세기)이며 『아마루샤따까(Amaruka Shataka)』은 그의 세속적 사랑 시 1백여 편을 수록한 모음집이다. 아마루는 남

녀주인공의 관계에 따라 나타나는 다양한 사랑의 상태와 격한 감정을 묘사했는데 여성 심리에 대한 깊은 이해를 하고 있었다고 평가받는다. 사랑싸움할 때 자존심을 지키려는 연인의 심리를 잘 그리고 있다. 역자 김우조.

p201. 카슈미르(Kashmir)지역의 시인 빌하나(Bilhana 11세기)는 전승에 의하면, 공주와 비밀리 사랑에 빠졌는데 그만 그 사랑이 발각되고 말았다. 그래서 시인은 투옥되어 추방령을 받을지, 교수형에 처해질지 모르는 상황에서 처벌을 기다리며 자신의 사랑에 관해 시 50편을 지었으며 그 시 50편의 모음집이 『쪼우르빤짜쉬까(Caurapancāshika 도둑의 50송(頌))』라고 한다. 그는 모든 연을 '오늘도'라는 시어로 시작하며 감미로운 과거를 회상하면서 자신의 격렬한 사랑의 감정을 분출해냈다. 역자 김우조.

p202. 비하리(Bihārī 1595~1663)가 활동하던 시기에 많은 시인들은 산스크리트 시론 중에서 여주인공 분류법에 따른 사랑의 외형적인 모습을 뛰어난 기교로 짧은 시에 표현하여 자신을 후원하던 소왕국의 왕이나 봉건 영주 등을 기쁘게 했다. 산스크리트 시론에 통달한 당대 최고의 시인 비하리도 연인과 비정상적인 관계에 있는 여주인공의 연인과 함께 있고 싶어 안절부절 못하는 외형적인 모습을 그리고 있다. 그에 의해 '도하'(Dohā)라는 2행 정형시가 완벽하게 발전하게 된다. 역자 김우조.

p203. 가나난드(Ghanānda 1673~1756)는 당대의 많은 시인들과 달리 산스크리트 시론의 얽매임에서 자유로운 시인이었다. 그는 산스트리트 시론에 따라 시를 쓰는 시인들은 시를 만들어낸다고 비웃으며 자신의 경우 시가 저절로 나온다고 했다. 그는 남주인공이 되어 직접 체험한 연인, 수잔(Sujān)과의 이별로 인한 사랑의 고통을 절절하게 표현했다. 일부 인도 비평가들은 자신의 사랑을 거침없이 표현한 그에 의해 인도 낭만주의가 시작되었다는 주장을 하기도 한다. 역자 김우조.

p204. 니랄라(Sūryakānta Tripāṭhī 'Nirālā' 1896-1961)는 낭만주의와 사실주의를 넘나들었던 인도의 대표적 낭만주의시인이다. 그는 힌디어의 첫 번째 자유시이며 자신의 처녀작인 이 작품에서 봄밤에 불어오는 남풍에 순백의 자그마한 재스민 봉우리가 꽃으로 피어나는 과정을 묘사하고 있다. 동시에 자연의 의인화를 통해 남녀 간의 의 깊은 육체적 사랑을 그렸다. 그러나 그 사랑의 모습은 절제되었고 청초하다. 또한 이 시에 범(梵)과 아(我)가 하나 되는 인도의 베단따(Vedanta)사상이 내포되어 있다고 보기도 한다. 역자 김우조.

p206. 아흐메트 아리프(Ahmed Arif 1927~1991)의 이 시는 터키의 유명한 가수인 젬 카라자(Cem Karaca)가 노래로 불러 유명해졌으며, 많은 터키인들의 애창곡이 된 유명한 사랑 시다. 이 시는 그의 유일한 시집인 『너의 대한 그리움으로 쇠고

랑이 녹슬었다(1968)』에 실려 있으며, 터키에서 60쇄가 넘게 출간된 베스트셀러이다. <너의 사랑은 나를>에서는 사랑에 빠진 모든 남녀들이 겪는 사랑의 고통, 예컨대 식음을 전폐하고, 마음이 찢어지고, 불면의 밤을 보내는 복잡한 심정이 절절이 묘사되고 있다. 하지만 이 모든 고통스런 과정을 보냈음에도 불구하고 그녀를 순수한 사랑의 마음에는 변함없다는 것을 확인하게 된다. 역자 이난아.

p207. 자히트 스트크 타란즈(Cahit Sıtkı TARANCI 1910~1956)는 특히 죽음과 외로움을 소재로 다룬 시들로 유명하며 프랑스 시인 보들레르와 발레리의 영향을 많이 받은 터키 현대 시문학사의 선구자 중 한 명이다. 시 <손님>에서 그는 꿈과 현실 그리고 기다림 사이의 가느다란 어떤 분리선에 서 있는 듯하다. 연인이 '하룻밤 내 손님이 되는 것으로 충분하다'라고 하면서 그녀가 손님으로 왔을 때 물건, 자연 그리고 물론 자신에게 미칠 영향에 관해 실명하고 있다. 시인은 자신의 감정을 섬세한 에로티즘과 사랑에 대한 그리움으로 그리고 있으며, 시의 마지막 부분에서 독자는 시인이 기다리던 여성이 정말로 그의 방에 왔다고 설득당한다. 결국 그녀가 방에 온 것은 시인의 꿈, 기다림을 넘어 시인에게 행복에 대한 이 시를 쓰게 한 것 같은 느낌을 불러일으킨다. 역자 이난아.

p208. 나즘 히크메트(Nâzım Hikmet 1902~1963)는 정치적 견해 때문에 인생의 많은 나날을 감옥과 유배 생활로 보냈으며

'로맨틱한 혁명가', '로맨틱한 공산주의자'로 정의될 정도로 사랑을 주제로 터키 시문학사에 길이 남을 시들을 썼다. 위에 소개된 두 편의 시는 전 세계에 가장 많이 알려지고 가장 많은 언어로 번역된 터키 대표 시인 시집 『피라예를 위한 저녁 9~10시의 시(1965)』에서 발췌한 것이다. 이 시집에 들어 있는 시들은 나즘이 감옥에 있을 때 그의 영원한 사랑이자 아내였던 피라예(Piraye)를 생각하며 쓴 것이다. 감옥에서 아내에게 쓴 편지들이 훗날 이 시들의 영감의 원천이 되었다. 투옥생활을 하면서도 그녀를 떠올리며 시를 쓰는 것이 그의 유일한 위안이자 행복이라는 것이 시의 모든 구절에 면면이 반영되고 있다. 역자 이난아.

p211. 옥타이 리파트(Oktay RİFAT 1914~1988)는 터키 현대시 운동을 이끈 선구자들 중 한 명이나. 그의 초기 시는 도시인들의 삶을 다루고 있고, 후기에는 사회문제를 소재한 한 시들이 많은 비중을 차지한다. 시인들에게 멋진 영감을 주는 사람들은 누구일까? 많은 시인들은 자신이 사랑한 여인과 아내를 소재도 시작을 하는데, 이 시 역시 그가 사랑했던 아내 튀르칸(Türkân)을 생각하며 쓴 시다. 그녀와 함께 호흡하는 공간, 그녀와 시작하는 하루는 기쁨으로 충만하다. 그녀가 떠나고 없는 삶은 외로움의 시작이며, 그녀가 있는 곳에서는 행복이 자란다고 할 정도로 아내를 향한 지극한 사랑의 감정을 언어로 형상화하고 있다. 역자 이난아.

p212. 몰러너(Moulanaمولانا), 몰라비(Moulaviمولوى) 또는 루미(Rumi رومى)라는 이름으로 더 많이 알려진 잘럴렛딘 모함마드 발히(Jalal-ed-din Mohammad Balkhi127~1207 ,جلال الدين محمد بلخى)는 이슬람 신비주의 문학을 대표하는 시인이다. 여기에는 짧은 두 편의 작품을 함께 엮어 보았다. 인간이 경험하는 사랑은 두 가지다. 인간을 비롯한 피조물 사이의 사랑. 인간과 조물주 사이의 영적 사랑. 이 시에서 시인이 노래한 사랑은 후자이다. 사랑은 불가능도 가능하게 만들고 빗방울을 바다로 빨아들이는 파도의 움직임 역시 하나님의 사랑에서 비롯된다. 이 세상을 굴러가게 만드는 모든 동력은 사랑이다. 이 세상 모든 것이 사랑이다. 사랑의 힘은 위대하다. 역자 김영연, 최인화.

p214. 누군가를 사랑하게 되면 그로 인한 마음 앓이도 해야 하고 주변의 핀잔까지도 감수해야 한다. 야속하고 무심한 님 때문에 상처 받은 마음을 님 앞에서 마음껏 하소연하며 투정도 부리고 싶지만 막상 님을 마주하면 그 상처가 싹 아물게 되니, 사랑이 병도 주고 약도 주는 셈이다. 그러니 사랑을 포기하지 못할 밖에. 대단한 중독, 사랑의 아이러니가 아닐 수 없다. 본문 마지막에 나오는 아터바크는 당시 시인의 고향 쉬러즈(Shirazشيراز)를 다스리던 인물이다. 본명보다도 사아디(Saadi 1291/1292~1208/1210 ,سعدى)라는 필명으로 더 알려져 있는 시인은 계몽적, 교훈적인 내용의 작품들이 널리 알려져 높이 평가 받지만 그의 연시(戀詩) 또한 으뜸이라고 하겠다. 역자 김영연, 최인화.

p215. 이란의 옛 시인들 중에서 아직까지도 폭넓은 대중의 사랑을 받는 이로는 허페즈(Khaje Shams-ed-Din Mohammad Hafez Shirazi 1390~1315 ,خواجه شمس الدين محمد حافظ شيرازی)가 단연 으뜸이다. 이 시의 화자는 고통과 그리움 끝에 비로소 사랑하는 님을 만나 함께 정을 나누었다. 그 절절함과 기쁨은 말로 표현할 수 있는 것이 아니다. 이 시의 '님'은 화자가 오랜 방황과 아픔을 겪은 뒤 만난 아름다운 여인일 수 있으며, 인간이 스스로를 비우고 힘겨운 구도와 수행과정을 거쳐 마침내 영접하게 되는 신일 수도 있다. 그러나 그 님이 지상의 아름다운 여인이든 천상의 하나님이든, 아무렴 어떠하랴. 사랑하는 님 덕분에 '나'는 비로소 방황을 끝내고 안정을 얻었으니까. 역자 김영연, 최인화.

p217. 어두운 밤처럼 암울한 현실. 쉬이 시드는 나팔꽃이 굳건한 나무를 타고 하늘 향해 올라가듯 임은 이 현실에서 나를 구원해 줄 희망이다. 임을 그리는 이가 나만이 아니어도, 임이 행여 나를 기억하지 못 하더라도 나는 굳건히 임이 찾아와 주기를 바라겠다는 갈망이 잘 녹아있다. 정형화된 고전 시형과 운율에서 벗어나 새로운 형태의 신개념 자유시를 최초로 선보여 '이란 현대시의 아버지'라고도 불리는 니머 유시즈(Nima Yushij1959~1897 نيما يوشيج). 이 시 역시 시인 스스로 '신시(新詩)'라 칭한 신개념 자유시의 형태를 취하고 있다. 역자 김영연, 최인화.

p218. 시인은 모함마드 타기 바허르(Mohammad Taghi Bahar1951~1886 محمد تقی بهار)라는 이름보다 말레코쇼아러(Malekoshoaraملک الشعرا)라는 별호로 더 알려져 있으며, 마지막 행에 등장하는 '바허르'는 시인의 필명이다. 달은 연인의 희고 고운 얼굴의 메타포이다. 그러나 작품 속 화자의 연인은 달보다 훨씬 아름답다. 다른 사람들이 님을 못 보게 혼자서만 차지하고 싶은 화자는 '나의 마음에 들어와 제왕처럼 마음대로 나를 휘두르라'고 말하지만 야속한 님은 화자를 애태우기만 하니, 세상에 이런 폭군이 따로 없다. '내가 잘못을 하여도 그건 내 탓이 아니라 내 마음을 지배하는 님의 탓'이라고 당당히 말하는 화자. 사랑은 '나'의 모든 걸 앗아가는구나. 역자 김영연, 최인화.

p219. 나착도르지(Дашдоржийн Нацагдорж 1906~1937)는 시인이요, 소설가, 희곡작가이자 몽골 현대문학의 기초자로, 격동의 시대에 태어나 조국을 위해 짧은 생애를 불꽃처럼 살다간 몽골의 기념비적인 작가이다. <별>에서 시적 화자는 지상의 평화에 대한 염원을 우주적으로 확장하고, 지구의 이웃인 화성에도 삶이 이루어지고 있을 것을 기대한다. 오늘날의 화성 프로젝트를 알지도 못하던 1930년대 우주와의 유대관계를 꿈꿀 수 있었던 것은 날마다 몽골의 밤하늘에 쏟아질 듯 펼쳐지는 엄청난 별들 때문일 것이다. 저녁 어둠과 함께 찾아오는 은하수, 찬란한 별들을 늘 바라보며 살아가는 유목민들. 지금도 예와 다름없이 초원의 밤하늘을 온통 채우

는 별들은 몽골을 찾은 여행객들의 마음에 영원히 잊지 못할 감동을 선사하곤 한다. 이러한 열린 자연환경 속에서 성장한 시인의 생명을 사랑하는 마음은 우주를 향해 넓게 퍼져나간다. 자연물 어느 하나에도 생명이 존재하지 않는 것이 없다고 믿는 몽골인들은 별도 살아있으며, 그 위에도 생명이 있으리라 의심치 않는다. 역자 김기선, 이안나.

p220. <가슴 속 연인>에서는 애절하지만 욕망에 이끌리지 않는 은은한 사랑을 서정적으로 노래한다. 마음은 순간의 눈빛 속에서 교차하고, 서로에 대한 관심을 말로 주고받지 못한 채 지내다 두 사람은 야생화가 핀 어느 숲에서 우연히 다시 마주쳐 말보다 꽃의 미소로 마음을 이야기한다. 마음을 사로잡는 연인들이 서로에게 손을 내밀지 못하는 이유가 무엇인지 알 수 없지만 가슴에 사랑을 담고 사는 것으로 넉넉한 그들. 이처럼 한마디 말보다 더 깊은 자연을 닮은 너그러운 마음의 노래로 사랑의 품을 넓힌다. 역자 김기선, 이안나.

p221. 하미드 알림잔(Hamid Olimjon 1909~1944)은 20세기 소비에트 치하 우즈베키스탄 시인 중 대중의 사랑을 가장 많이 받은 인물이다. 오랫동안 마음속 깊이 사랑한 이를 향한 마음을 애틋한 어조로 표현하고 있다. 34살에 자동차 사고로 사망했지만 여전히 우즈베키스탄 국민들의 노래와 삶 속에 하미드 알림잔의 시는 살아 숨 쉰다. 역자 이지은. 역자 이지은.

p223. 우즈베키스탄 대표 시인인 하미드 알림잔하미드 알림잔(Hamid Olimjon 1909~1944)의 <내 젊음이 만개하던 시절에>는 아름다운 정원에 흐드러지게 만개한 꽃을 보며 누군가의 젊음과 그 시절 아름다운 사랑의 기억에 잠기게 한다. 바쁜 일상 속에 잠시 잊고 있었지만, 혹은 젊음의 한 가운데 있기 때문에 그것을 채 감지하지 못하는 우리 모두에게 그때의 젊음과 사랑의 느낌을 다시 한 번 떠올리게 하는 아름다운 시다. 역자 이지은.

p225. 알리세르 나보이(Alisher Navoiy 1441~1501)은 중앙아시아 출신 투르크어 문학의 아버지이자 정치인이다. 오늘날 우즈베키스탄에서는 그의 이름을 딴 극장, 기념비, 마을이 있을 정도로 국민들은 그를 민족의 정신적 지도자로 여긴다. 알리셰르 나비이는 특정 제목을 가지고 있지 않은 이러한 형태의 4행시를 많이 남겼는데, 이번 시는 사랑하는 이에 대해 별다른 미사여구 없이 담백하고 간결한 언어로 표현하고 있다. 사실 사랑하는 사람에게 "사랑합니다"라는 말 이외에 무슨 말이 더 필요할까. '사랑' 그 단어가 자체가 세상 모든 아름다움과 숭고함을 담고 있거늘... 역자 이지은.

역자

곁에 있는

스물여덟 언어의 사랑시

역자

고영훈 _ 한국외국어대학교 말레이·인도네시아어과 교수

김기선 _ 한국외국어대학교 몽골어과 교수

김상헌 _ 한국외국어대학교 세르비아·크로아티아어과 교수

김영연 _ 한국외국어대학교 이란어과 교수

김우조 _ 한국외국어대학교 인도어과 교수

김원회 _ 한국외국어대학교 그리스·불가리아학과 교수

김혜진 _ 한국외국어대학교 그리스·불가리아학과 외래교수

나민구 _ 한국외국어대학교 중국언어문화학부 교수

문지희 _ 한국외국어대학교 네덜란드어과 교수

민선재 _ 한국외국어대학교 스페인어과 명예교수

박경은 _ 한국외국어대학교 태국어과 교수

박문정 _ 한국외국어대학교 이탈리아어과 외래교수

박재원 _ 한국외국어대학교 아랍어과 교수

박정경 _ 한국외국어대학교 아프리카학부 교수

서유정 _ 한국외국어대학교 독일어과 교수

신주철 _ 한국외국어대학교 한국어교육과 교수

유기환 _ 한국외국어대학교 프랑스어학부 교수

유선비 _ 한국외국어대학교 체코·슬로바키아어과 교수

이난아 _ 한국외국어대학교 터키·아제르바이잔어과 외래교수

이안나 _ 한국외국어대학교 몽골어과 외래교수

이지은 _ 한국외국어대학교 중앙아시아학과 교수

임소라 _ 한국외국어대학교 포르투갈어과 교수

전혜경 _ 한국외국어대학교 베트남어과 교수

정은귀 _ 한국외국어대학교 영미문학·문화학과 교수

조준래 _ 한국외국어대학교 미네르바교양대학 교수

최성은 _ 한국외국어대학교 폴란드어과 교수

최인화 _ 한국외국어대학교 이란어과 외래교수

최재철 _ 한국외국어대학교 일본언어문화학부 교수

한경민 _ 한국외국어대학교 헝가리어과 교수

홍석우 _ 한국외국어대학교 우크라이나어과 교수

곁에 있는

스물여덟 언어의 사랑시

세미오시스 교양총서 02

곁에 있는 스물여덟 언어의 사랑시

초판 인쇄 2017년 12월 11일
초판 발행 2017년 12월 18일

펴낸이 한국외대지식출판원 편집부
발행인 김인철
총괄 · 기획 가정준 Director, University Knowledge Press
편집장 신선호 Executive Knowledge Contents Creator
도서편집 박현정 Contents Creator
전자책편집 이리나 e-Contents Creator
재무관리 김은혜 Managing Creator
마케팅 파트장 백승이 Chief Marketing Creator
마케팅 박종원 Marketing Creator
발행처 한국외국어대학교 지식출판원
02450 서울특별시 동대문구 이문로 107
전화 02)2173-2493~7
팩스 02)2173-3363
홈페이지 http://press.hufs.ac.kr
전자우편 press@hufs.ac.kr
출판등록 제6-6호(1969. 4. 30)
디자인 · 편집 (주)이환디앤비 02)2254-4301
인쇄 · 제본 네오프린텍 02)718-3111

ISBN 979-11-5901-246-4 03800 정가 12,000원

*잘못된 책은 교환하여 드립니다.

HUEBOOKs는 한국외국어대학교 지식출판원의 인문학도서 Sub Brand이다. 한국외대의 영문 명인 HUFS, 사람을 위하는 Humanism, 교육의 Education, 색조의 Hue의 다의적인 뜻으로 해석할 수 있으며, 인문학도서 출판에 대한 의지가 담겨있다.